权威论

薛广洲 等著

On the
Authority

中国社会科学出版社

图书在版编目(CIP)数据

权威论/薛广洲等著.—北京:中国社会科学出版社,2013.3
ISBN 978 – 7 – 5161 – 2775 – 9

Ⅰ.①权… Ⅱ.①薛… Ⅲ.①领导学 Ⅳ.C933

中国版本图书馆 CIP 数据核字(2013)第 118064 号

出 版 人	赵剑英	
选题策划	田　文	
责任编辑	徐　申	
责任校对	刘　锋	
责任印制	李　建	

出　　版	中国社会科学出版社
社　　址	北京鼓楼西大街甲 158 号(邮编 100720)
网　　址	http://www.csspw.cn
	中文域名:中国社科网　　010 – 64070619
发 行 部	010 – 84083685
门 市 部	010 – 84029450
经　　销	新华书店及其他书店

印　　刷	北京市大兴区新魏印刷厂
装　　订	廊坊市广阳区广增装订厂
版　　次	2013 年 3 月第 1 版
印　　次	2013 年 3 月第 1 次印刷

开　　本	710×1000　1/16
印　　张	14.5
字　　数	158 千字
定　　价	39.00 元

目录

Contents

序言　为什么要研究权威

　　为什么要研究权威？为什么现在要研究权威？应该怎样来研究权威？本书将如何研究权威？有必要先作一番交代。

一　为什么要研究权威

　　权威是人类社会的一个客观现象，是一种特殊的社会关系，是与人类社会相伴随始终的社会现象，因而，研究权威现象是人类认识社会全过程的一个必要环节。

　　首先，权威随着人类社会的发展，而日益从政治生活领域扩展到整个社会生活领域，即经济领域、思想文化领域以及科学领域等，对社会生活的影响和作用已日益重要。

　　人类社会是一个发展的过程，人类对社会的认识也是一个发展的过程。在人类的初期，社会还是一个简单的机体，由于生产力的极端低下，人类的社会组织还处于原始阶段，一切活动都是围绕着生存而进行的，人类还无暇顾及除了为生存而劳作之外的其他活动，在这种状况下，社会生活本身也没有获得分化，没有丰富不同的生活领域。因而，权威的体现便不可能具有多种多样的特征，社会组织和社会生活的简单性决定了权威存在及表现的单一性。随着社会的发展，阶级出现了，由于阶级的存在本身是以不同的经济利益的冲突和剥削与被剥削的形式体现的，所以社会生活开始进入激烈的阶级对抗阶段。在社会关系及组织形式上就表现为社会政治生活领域从中分解出来，并日益占据社会生活的主导地位。于是权威现象也就开始呈现出多样性，其政治生活领域的权威，即政治权威便发展并逐步完善起来。从近代资产阶级革命以来，社会生产力获得极大的进步，人类的手和脑都获得了延长，从而使得人类的社会生活领域也获得了极大地扩展。就人类整体来说，求得生存这一基本需求之外，生存得更好，即人们对生活的质量的需求也开始提高。社会生活领域又分解出更多的领域，如思想领域、文化教育领域、科学技术领域等（尽管思想、文化教育等活动也是与人类产生俱已存在，但把它们作为一个科学的领域来看待，以及它们自身成为一个相对独立的社会领域都是很久以后的事），权威也就随之表现出更为丰富的形式。

权威是社会秩序维系的有机环节、必要机制，人类在面对客观世界而组织起来时，必然需要一定的规则来统一自己的步调，这一规则的内在精神就是权威的体现。权威要统一人们的意志、统一人们的价值观、统一人们的行为模式。在原始社会，一方面社会本身尚未分化，另一方面社会尚未构成人们的认识对象（严格意义上）。那时的权威仅是以传统习惯为表现形式，其存在的范围与人类的生存范围一样，都相当狭小。阶级社会里，随着社会分工的扩大，人们的社会共同体也获得一定程度的分化和发展，权威体现的领域也相应扩大，但主要还是伴同社会以政治生活为重而表现为政治权威为主。近代以来，权威的存在领域因社会的日益分化和多样性而越来越在众多领域体现出来。这种状况，既要求人类为全面认识社会而研究维系社会秩序的这一内在机制，也要求随社会本身的分化而透视体现于社会运行结构中的这一有机环节。

其次，近现代以来，由于社会生活的扩展和丰富，社会作为人类认识的对象日益获得共识，而且随着人类认识能力的不断提高，人们对于组织社会生活的能力和手段也日益精美、完善与合理。

原始社会中依靠一种生存的本能特性采用传统习惯形式来维系社会秩序，早已为阶级社会的政治权力这一强制性统治方式所代替。20世纪中叶以来（第二次世界大战后），人类社会在各方面都获得了突飞猛进。在社会管理和组织社会运行的机制上，人类在充分吸收以往经验教训的基础上，开始改变方式，逐渐地减弱了强制性机制、暴力手段对于社会秩序的维系和保障，而代之以适应于不同社会生活领域的维系方式，这就是权威。

权威不同于权力，从一定意义上讲，权威就是权力与威望的统一。权威的体现总是通过一定的个人或组织，它总是集权力与威望于一身，其权力一般来说是被社会所赋予的，因而相对来说具有较强的客观社会性，而威望则多是同权威主体自身的素质有关，包括其理解能力、判断能力及阐述能力等。随着社会的发展，在对社会进行管理中，权威的强制性特征渐为权威的非强制性特征所代替，或者说，权力作用的比重下降，而权威影响的比重上升。权威在现代社会的运行结构中正日益取代权力的强制性机制成为维护社会秩序的有机环节。

权威与权力在对社会秩序维系和保障过程中比重的变换，权威系统中权力与威望特征的变换，表明人类对于管理自身已日益成熟，表现出更多的理性而摒除了更多的非理性。社会控制过程也正从权力的强制性走向权威的合法理性。从具体的团体、组织到国家，其领导者（领导者个人或集体）不仅仅以其据有的权力来管理，而且凭其拥有的权威来管理，即不仅仅只是法治，也不仅仅只是人治，而是两者的结合，是将权威予以一定的法律根据。现代社会的民主制国家，即是以完善的法制为依据的。在一个具有完善法制的民主国家中，其领导者的选择便与其所具有的权威的内在素质密切相关。单纯的依赖权力作用而忽略权威的影响，其社会控制要么走向专制、独裁，要么因其缺失领导者所应具有的威望，从而使社会优秀人才的选择出现障碍，并最终使国家陷于混乱。

正是如此，权威在现代社会中的作用日益重要，这要求我们必须开展对权威的研究，以探求它对人类社会运行及社会秩序维系的内在机制和有机环节的本质及其规律，从而使人类在组织社会生活和维护社会秩序的稳定上更加合理和完善。

再次，权威又是社会主义民主建设中无法回避的问题。

正如我们前面所说，在一个民主制的国家中，权威的作用和影响对于领导者们治理国家、管理社会是十分重要的。社会主义民主是比资本主义民主以及以往任何民主制度都更为真实合理的民主，社会主义民主的核心是人民当家作主，是使全体人民都参与到国家与社会的管理中去。这种参与有一个十分明显的特点，即不是采取单纯的强制性权力来维持社会秩序，而是更多地运用权威的方式来维系社会秩序，即社会、国家的管理方式中，权威的体现更加充分，因为强制性往往是将政府和人民置于相互对立的位置。这一权威的实施，既包括权威体现者——主体意志的合规律性，也包括权威服从者——受体对该意志的选择和认同。当一个社会的人民与管理者在价值体系上具有相同性，形成共同的意志，从而采取共同的行为方式时，那么，该社会的民主实现程度便会获得极大提高。

现代资产阶级在民主进程中有一定的贡献，但它试图把资本主义民主称为最完善的民主，而把社会主义制度称为专制、集权、独裁，则是其阶级的偏见。在他们那里，所谓的民主仅仅只是统治阶级内部的民主，是建立在对社会资源，尤其是生产资料的占有之上的民主，因而，这种民主只能是十分有限的民主。正如列宁所说："它始终是而且在资本主义制度下不能不是狭隘的、残缺不全的、虚伪的、骗人的民主。"① 然而，资产阶级则以专制、独裁、集权等指责社会主义，这自然与他们的阶级偏见及其阶级利益相关联。对于他们来说，社会主义的"邪恶"主要并不在于其社会体制本身

---

① 摘自《列宁选集》第 3 卷，第 630 页。

是民主、共和，还是集权、专制，其真正的实质在于社会主义社会是为全体劳动人民谋利益的，而这一目的实现的前提当然是彻底推翻资产阶级的统治。如果说资产阶级还曾经是一个在历史上起过进步作用的阶级，如果说资产阶级还有那么一些清醒之士，他们便应知道为维护本阶级的统治地位不被推翻，只能千方百计地诋毁社会主义制度。我们知道，社会主义是实现人类美好理想的必然途径和选择，但社会主义并不是天之所赐，它需要人们去创造，它是一个过程。在社会主义的现实历程中，如何建立一个更加民主、更加文明的社会制度，需要在实践中不断摸索和完善。

马克思主义历来认为，民主与专政是不矛盾的，专政不是专制，集权也不是独裁，权威是维系社会秩序正常运转的必要环节和机制。民主作为一种社会制度形式，同样也脱离不了权威机制的作用。我国正处于向社会主义现代化迈进的进程之中，社会主义的现代化包含着社会主义民主的完善，但是若不能明晰权威的实质、特征和功能等，就很难协调好民主内部的关系，从而不利于社会主义现代化的进程。

权威既然是人类社会结构的必要环节，是人类社会正常运转的内在机制。因而，为使人类社会在其自身的发展中更加趋于合理、完善，开展对权威的系统研究，便是十分必要的了。

以上所说，只是比较简略地提出了权威研究的必要性问题，那么在当前研究权威的意义或迫切性又在哪里呢？不涉及这个问题，也便使得权威研究缺乏现实性根据。

二 为什么现在要研究权威

为什么现在要研究权威，也就是权威研究的现实性问题。

要论述研究权威的现实性还需从我国当前所进行的改革开放入手。毫无疑问，改革开放是探索中国进行社会主义革命和建设的一个必要措施，改革开放的目的即在于寻找到一条建设有中国特色社会主义的道路来。改革开放既包括着经济体制方面的改革开放，也包括着政治体制的改革开放，尽管两者之间存在着轻重缓急的差别，但从根本上说，两者则应是协调一致，相辅相成的。缺少任何一方，改革开放将走向歧路，有中国特色的社会主义也将名不副实。权威研究的现实迫切性正是内涵于政治体制改革的必然性之中。

首先，权威研究的直接原因，乃是进入新世纪以后，面对急剧变化的世界局势以及中国改革开放进入攻坚阶段和深水区的复杂局面，国内外都高度关注中国党和政府如何加以应对，思想界也出现了众多的声音，从而给我们提出了权威研究的迫切性。

国内思想界的声音中以 20 世纪 80 年代出现的新权威主义具有一定的代表性，新权威主义的产生基于两个原因，一是在不发达国家和地区迈向现代化的进程中，如何保持政治秩序的稳定，集中全国的力量和精力投入现代化建设，不能不需要一个强有力的中央权威；二是在我国的改革开放进程中，出现了一定程度的权威失落现象，不仅是中央政府的权威受到了一些地区的地方保护主义的削弱，而且还出现了价值体系、意识形态等思想领域，以及经济领域等的权威失落。于是新权威主义提出，在处于社会转型期间的中国，应强化政府的力量，通过强有力的领导者强制推进现代化进程，这又被称之为精英政治和精英文化。但是，新权威主义在大声疾呼要加强中央权威时，对于"权威"概念却没能给予明确地解释，对于权威的实质究竟是什么尚缺乏足够的研究和认识，在他们那里，似乎权威是一个人人皆知的东西。然而，我们看到在新权威主义的代表人物那里尽管存在着不同的说法，但却比较一致地把权威与集权、专制、强制性权力等同起来。在他们那里，权威与民主、权威与自由都是相对立的，不能相容的。尽管他们有时也认为两者间有联系，但这种联系实质上也只是在社会政治生活中各自比重分量的消长、多少而已。

进入新世纪，中国社会在获得巨大发展的同时，社会矛盾也日趋激化，思想界更趋活跃。关于中国道路、中国模式、中国制度，以及中国未来发展等讨论成为集中的话题，其中关于改革的顶层设计问题更是各类思想、舆论的关注热点。社会对于中国党的执政能力提出了更高的要求，同时，随着人们对社会矛盾激化和社会发展不平衡状态的零容忍度的逼近，人民对民主的期望和公众参与社会管理程度的要求不断提高，从而使得权威问题进一步凸显。

我们认为，权威是一种客观的社会现象，是与人类社会发展相始终的特殊的社会关系，而民主、自由作为人类社会在发展进程中所努力追求的生存状态（社会运动的制度）是不应该与权威相对立的，它们其实应该是统一的。自由绝不是没有权威的绝对的自由，真正的自由是包含着权威的自由，民主与权威的关系也是如此。因而，为了回答新权威主义以及今天思想界所提出的问题，我们有必要展开对权威的系统性研究。

其次，改革开放必然涉及中央与地方的关系，这一关系主要是中央集权与地方分权的关系，是中央权威的实现与地方对中央权威的服从的问题。

改革开放的前提是原有的社会管理体制对整个社会的发展在许多方面已丧失了积极的推动作用，只有根据现实社会的政治、经济实际，调适我们的社会管理体制，才可能促进社会的发展。而原有的社会管理体制最显著的特征就是政治上高度的中央集权和经济上高度的计划性。因而，改革的一项重要措施和内容即是分权，给地方更大的自主权，以调动上和下的积极性。

然而，通过 30 年的改革实践我们看到，这种分权在什么程度上才能真正达到上下两个积极性都被调动起来，还没能彻底地搞清楚。当然这个问题并不是本书所要讨论的。但我们发现，要真正地搞清楚这个问题，没有对权威的实质，权威在社会关系中所处的地位的认识，没有对于权威在调解社会机制和维持社会秩序中作用的认识，是很难做到的。这是因为：一方面需要分清中央权威与中央权力的不同，权威与权力既有一致的方面，也有不一致的方面，其中的差别是伴随着社会本身的发展和相对于不同的社会态势而呈现出来的；另一方面需要明了中央权威与地方分权并不完全是权力大小、多少和集散的问题。在我国政治和经济体制的改革进程中，树立中央的权威或是给地方更多的自主权乃是表现社会主义民主（政治民主与经济民主）体制的一种方式，是完善社会主义社会结构和维系社会秩序稳定的一种必要措施。正是因此，系统地研究权威便不仅是必要的，而且是迫切的。

再次，改革开放不仅是为了跻身于世界先进国家之列，也不仅是为了探索中国社会主义的发展道路，同时还是对人类如何完善自身的组织和管理进行的一种尝试。

人类要完善自身的社会关系，使自我管理和组织走向成熟和完美，便涉及管理者和被管理者的自身素质的提高。管理者如何组织管理，采取何种方法，基于什么原则，等等。从某种程度上讲，即领导者的权威及其体现。

另外，改革开放，建设有中国特色的社会主义的事业是需要我国全体人民共同参与的。作为执政党，共产党的性质，社会主义的基本目标和马克思主义的指导原则，都决定了它必须从人民的利益出发，代表人民来行使自己的执政权力。因而它决不能像以往阶级社会中各统治集团那样行使自己的权力。社会管理者与被管理者的关系不是统治与被统治、压迫与被压迫的关系，而是人民内部之间的不同分工的关系。这便要求社会管理者在自身素质的提高上有较大的努力。

党的十八大后，我国的领导集体已进入新的一代。由于不同的经历，由于所肩负的历史责任的区别，由于所面对的社会历史条件和环境的不同，决定了在对社会、对国家的管理时，必须具有新的方式，于是便提出了如何树立新一代领导集体的权威的课题。显然，新一代领导集体所要确立的权威，并不等同于以往的权威形式。从根本上说，是与旧权威形式，即剥削阶级的权威形式有着根本的区别，同时，也不能完全沿袭第一代、第二代领导集体的权威的方式，同样，也与第三代、第四代领导集体的权威方式不同。如果说，他们之间的不同是有其客观的社会因素所致外，我们也需承认这些客观的社会因素曾经在一定程度上反映了中央权威实施过程中的强制性作用和不规范、不尽合理的状况。新一代领导集体的权威应该是在既正确地把握中国社会发展的客观规律，又与人民保持了在意志、价值体系上的一致，从而达到行为方式的统一之上确立起来的。如此就迫切地需要我们对领导权威、权威在社会政治生活领域的体现进行具体而深入的研究，更需要对权威的本质及其发展规律进行深入的研究。

三 应该怎样研究权威

怎样研究权威的问题，既是研究的方法论问题，也是研究的可能性问题。权威研究需要选择一种方法和角度，同样或更重要的，首先必须分析一下研究的可能性，即作为一个发展着的社会现象，今天是否已具备了系统研究的条件。这两个问题在一定程度上又是相互联系的，所谓研究的可能性一定意义上即是研究的前提条件，或是其基本出发点，研究方法既包括出发点的选定，也包括对研究可能性的分析，这是研究开展所首先面对的实际。

首先看研究的方法论。

从马克思主义基本观点出发，我们从事任何科学研究，都必须遵循这样几条基本原则：一是坚持实事求是的态度，即要明确研究对象的现状，从其现实状况出发，既要在研究过程中客观公正地分析历史上关于权威的不同认识观点，指出其长处和不足，从而使我们的研究立足于权威研究的最高基点上，又要全面地研究权威在现实社会中的存在状态和表现形式，决不带有先入为主地偏见，从而使权威的研究真正立足于客观的基础之上，获得具有普遍意义的权威研究成果。二是坚持历史与逻辑的统一。马克思主义从来都认为，历史是人类面对自然和社会的一种认识与改造过程，人类的历史发展与人类的认识发展是一致的，历史发展遵循着其内在的客观必然性规律，尽管人类历史是由具有目的、意志、动机的人的参与而累积的，但从根本上说，都受着客观的社会规律性的支配，而这种客观的内在规律即是一种逻辑，因而在研究过程中，必须遵循历史与逻辑的一致，从历史中探寻规律，从逻辑联系中把握客观必然性。三是坚持辩证的方法，从时间与空间、纵与横的角度研究。权威是与人类社会相始终的社会现象，是调适社会运行的必要环节和机制，因而既需要考察权威现象的自身发展，也需要考察人们对于权威现象进行研究的发展过程，同时又需要研究权威现象在现实生活中的表现，需要研究权威在不同社会生活领域的表现，以及权威问题与其他相关问题的关系，这样才能够从复杂多样的权威现象中把握住其规律性的、普遍性的、本质性的东西，从而达到对权威的实质的认识和了解。四是坚持理论与实际相结合的方法。权威现象一方面是理论研究的对象，而且到今天已经成为政治学、社会学、管理学以及哲学共同研究的对象，我们的研究在相当的程度上需要借助于以往研究的成果，因而，使得研究过程本身必然具有浓厚的学术理论气息。但另一方面权威又是一个十分现实的客观现象，它存在于我们的现实生活的各个领域，在我们生活周围随处可见，因而，权威研究又时刻不能脱离客观实际。只有不断地从社会实践中去分析权威的表现，才可能真正地理解权威，权威研究才会获得实际意义。

其次看研究的可能性。权威研究的可能性一定意义上也是指研究的条件性。

权威现象早已存在，而对权威进行研究则是后来的事。然而至今，对权威的系统研究尚未进行，其原因有两个：一是权威自身是一个发展过程，因而它有一个伴随人类社会而愈趋成熟的过程，在它尚未成熟之时，当然还不是人们认识的迫切对象；二是人类的认识本身也有一个发展提高的过程，只有人类认识水平达到相应的程度，客观事物的现象才能相应地被作为认识的对象。

一方面，权威是一种社会关系，但人类社会从动物界脱离出来以后，在面对外在世界的挑战中，需要逐渐地完善自身的社会组织和管理形式，人们的社会关系也是伴随着社会生产力的进步而逐步趋于合理、协调，权威这种社会关系相应地逐步扩展、充实，特别是人类社会在今天日益分离、完善、成熟自身的组织管理形式时，权威的作用也就日益凸现出来，从而成为人类必须予以高度重视和迫切需要研究的课题了。近代以来，社会生产力获得了飞速发展，由此，社会生活各领域也逐步分离开来，这使得权威也相应地表现了更加多样、更为丰富的形式，从而也才使得权威的系统研究成为一个迫切的课题。当然，权威现象的丰富，权威在社会生活中作用的增强，不仅使权威系统研究日益迫切，而且也提供了对权威进行系统研究的可能。

另一方面，权威研究是一种认识活动，人类的认识也是一个发展的过程，人类对外在世界的认识遵循由近及远，由表及里，由此及彼，从感性到理性，再从理性回到实践的原则和规律进行的，人类所认识的对象是以其与自身的联系密切程度而确定的。同时，某一对象能否进入人类的认识视角，还与人类的认识能力和水平相关。权威是一个特殊的社会关系，它存在于社会的大系统中，而且权威本身也具有系统性，这就要求人类的认识能力必须达到一定的程度，才可能探求到权威的内在实质。20 世纪中叶以来，科技革命带来了人类对自然、社会以及自身认识的极大提高，而这同时又促进了人类认识能力的提高。新兴学科不断涌现，新的认识方法也大量提出，无疑这些都使得人类具备了去认识更为复杂的社会现象的条件和能力。特别是关于权威的研究已经获得许多成果，这些研究成果尽管还是零散的、不系统的、具体的和局限于特定领域或形式的，但毕竟使得我们的进一步研究获得了一个基础和支撑点。在这些研究成果的基础上，我们既可以获得有益的提示，又可以避免不必要的学术失误。

因此，可以说，由于事物本身的发展，也由于人类认识能力和水平的提高，使得对权威进行系统的研究成为可能。

四 本书的逻辑结构

最后要谈的是关于本书的逻辑。正如上面所说，权威的方法从一定的意义上也决定了我们的研究成果表述的逻辑。具体来说，本书的逻辑结构是：首先从权威研究的现有成果出发，在具体分析理论界对于权威研究已达到的水平和存在的不足之后，提出我们对于权威内在本质的研究成果，并进一步展开权威的内在结构的研究，随后从纵和横的角度，分别对于权威及其认识的历史发展和权威在现实社会生活领域的表现做深入地探讨，接着探讨了权威与相近社会现象的关系，最后对于在权威观上曾经出现的不同思潮进行了分析和批判。在本书的撰写中，始终贯穿着历史与逻辑一致的原则，史论结合，以论带史。当然，研究的逻辑和写作的结构并不需要完全一致，但其内在的逻辑结构则应是一致的。

权威研究是一个较新的领域，由于以往理论界对权威现象关注不多，使得我们的研究备觉艰辛。然而，正是由于这是一个别人涉猎不多的领域，从而不仅给了我们要去深山挖掘珍宝的好奇和期望，也使我们有幸去踏出一条接续来者的道路。马克思的那句名言可以表述我们此刻的心情："在科学上没有平坦的大道，只有不畏劳苦沿着陡峭山路攀登的人，才有希望达到光辉的顶点。"

本　论

一　权威概念的比较与分析

我们在生活中常常会遇到这样一些事情：一件本不为人们所关注，或熟视无睹，或被视为不证自明的东西，当我们仔细去思考时，却发现对它的了解几乎是一片空白。我们既不知它之所来，也不知它之将去，然而，它又实实在在地存在于我们的生活之中，并以不为人们所知，却为社会所重地存在，影响着我们，支配着我们的生活。权威即是这样一种现象。

权威作为一种现象，早在人类社会初期即已存在。人类社会自从产生之日起，就以不同于其他动物的方式存在与发展，社会是其存在的基本的、唯一的形式。组成社会的结构，维持社会的秩序，需要一种机制和条件，尽管这种机制和条件会因社会的发展而发生一系列的变化，会以不同的形式出现，但是，权威这种现象却是自始至终都在产生着作用。

然而，权威作为一种被研究的对象，作为一门学科研究的领域，仍然是一片尚未开垦的处女地。古往今来，人们承认权威，崇拜权威，为权威所驱使，受权威所影响，或者反对权威，否定权威，却对于权威究竟是什么，仍不甚了了。

虽然人们不断地使用权威这个字眼，近现代以来，也有不少学者曾经对权威这种现象做过一些研究，但是，这些论述一方面还是十分零散的，缺乏一种系统性，另一方面大多的论述是从政治学角度入手，却置于社会学领域进行的，缺少把权威这一与人类社会伴随始终的现象从哲学角度进行阐述的研究。

无疑，任何科学的学术研究，其真正的起点，正是立足于对以往研究的缺陷的克服之上，我们的研究也将是这样。权威现象是人类社会的一种客观存在，具有相当的普遍性及与人类社会发展与存在的伴随性，因而，研究中既需要系统地研究它在人类社会生活的不同方面的存在状况，又需要全面地考察它在人类社会历史的不同时期、阶段的发展变化状况。即，要从纵和横、时间与空间相结合的角度进行。

权威现象存在已久，国内外对于权威现象的解释也非止一种，从已有的权威论述中去把握进一步深入研究的前提，就需要尽可能全面系统地分析、比较各种权威概念，并进而从各种权威概念的相互关系中，即从其共性与个性、必然与偶然的相互关系中阐述权威的实质及其内容。

（一）概念选择的根据

在对权威的各种概念进行比较分析之前，首先就要解决概念的选择问题。选择哪些具有代表性的概念进行比较分析，对于我们正确地理解和认识权威，显然是十分重要的。而要对权威的概念进行选择，我们又面临着这样一个难题：一方面进行概念的比较分析，需要尽可能全面地收集各种不同的、具有代表性的权威概念；而另一方面我们又发现，尽管权威现象存在已久，影响甚广，但对于它的研究则始终是一个薄弱环节，既缺乏系统的研究，也缺少专题的研究，少有的涉猎也大多是其他研究成果的副产品或陪衬。因而，解决这一难题同概念的选择构成了共同的要求。在难以收集到古往今来所有关于权威的论述之际，笔者只能取一捷径，即将各类词典中关于权威词条的解释作为比较分析的对象，以为权宜之计，尽管有取巧之嫌，也未必不是开展研究的一种方法。

首先，词典具有一定的代表性，即每一种词典都是某一类观点的认识水平的代表。世界是丰富的，人们对世界的认识和了解也因主客观因素的差异而显示出多样性、多角度、多层次，这与对事物的真理性认识的唯一性是不矛盾的。

权威是一种社会现象，由于它渗透于社会生活的各个领域、不同方面，因而人们在认识它时，便必然地因为所处时代、环境及认识的角度与方法等的不同，而会有不同的解释，试图对某一社会现象做出为所有人都认可的解释不太现实。而像权威这一现象，本身又是一个与人类社会相伴始终的现象，其自身就处于不断地发展之中，因而人们对它的认识也是难于固定在某一水平之上的。不同的认识主体由于其不同的社会立场，不同的生活体验，必然会对权威产生不同的认识。词典即反映了这种差别性，即每一种词典都是某一类观点的代表，是这类观点的一定认识水平的代表。词典的不断改版，即表明了人们认识水平的发展。不同的词典是不同观点的反映和代表，尽管编写词典、撰写词条的人对权威现象的认识、解释，具有其主观特征，但从总体上讲，它是某一类人、某一阶级、某一政党、团体、学派的代表，它所表现的并不只是撰写者个人的观点和认识水平。

其次，词典又具有一定的概括性，即将某一学说、思想、观点的不同代表人物的主要思想加以概括，取出其共同性的特征。每一词典代表了某一类观点，而每一类观点作为一种社会思潮，都不可能只是某一单个人的专利，而必然为相当一批思想家们所共识。词典一般即对这一类观点的思想加以概括而成，词典中的每一词条一般都用比较简练的文字将所解释的内容加以提纲挈领的概括，它并不仅是一种定义的解释。这样，就很容易使我们对该词条所表述内容有一个简单明了的认识，能够比较容易地把握该词典撰写者所代表的学派的总体思想和基本观点。

尽管权威现象的研究还没有引起理论界应有的注意，但由于它本身在社会生活中的必不可少，因而理论界仍然在许多场合、领域对它有所涉及，并提出了各自不同的解释。这种解释还不够系统、全面，甚至也没有能够从理论的深层，尤其是哲学层次加以展开，但它却可以为我们的研究提供一个基础，即我们可以从其对权威现象解说的不同角度，概括出共同性的特征。而词典恰恰是做了这方面的工作，它不仅是某一类观点的代表，而且也是某类观点的不同代表人物的主要思想观点的概括。

再次，词典的词条还具有一定的准确性特征，即每一种词典的词条在撰写时，都经过反复地推敲，因而能够比较准确地反映某一类观点的思想内涵。如前所述，词典具有一定的代表性和概括性，它不仅是某一类观点的代表，而且是某类观点不同思想家思想的概括，因而就要求词典的编撰必须真正地反映这些观点和思想。而要在很简短的篇幅中表述某一事物现象的理论成果，没有对于该事物现象本质及特征地准确把握是不够的，词典在这一方面应该满足其基本的要求。权威的理论研究尽管还存在欠缺，乃至很大的欠缺，但既已在词典中列入，就必须按此要求去做。至于人们对它的认识水平达到什么程度，从而在词典中做出什么程度的解释，则是另一回事。然而它至少是对当时理论界认识权威现象所达水平的一种准确反映。

鉴于以上原因，本书将从对权威概念在不同词典中的解释入手，探讨理论界对于权威现象的研究水平已达何种程度，从而为我们的进一步深入研究提供一个前提和基础。从理论上全面系统地研究权威，既需要对权威的研究历史进行梳理，更需要对权威的研究现状有个确切的了解和认识。

词典一般来说，都是对当下的研究水平的确认，因而，认真分析不同词典中对于权威的解释，可以使我们的研究尽快地站在现有研究成就的基础之上。同时由于词典具有一定的概括性和代表性，因而又可以使我们在一定程度上对权威研究的认识达到一种总体地把握。

（二）概念的选择与分类

现有词典中关于权威概念的解释，大致可分为两类：一是词语类词典的解释；一是学科类词典的解释。

就词语类词典来看，主要是《辞海》、《现代汉语词典》及《辞源》等。

《辞海》中有关权威的词条解释：

权威：①权力与威势。《吕氏春秋·审分》："若此则百官恫忧，少长相越，万邪并起，权威分移。"②含有尊严、权力和力量的意思，指人类社会实践过程中形成的具有威望和支配作用的力量。①

《现代汉语词典》中有关权威的词条解释：

权威：①使人信从的力量和威望；②在某种范围里最有地位的人或事物。②

《辞源》中有关权威的词条解释：权威，权力威势。《吕氏春秋·审分》："万邪并起，权威分移。"《后汉书·七八宦者传序》："和帝即祚幼弱，而窦宪兄弟专总权威。"③

就学科解释看，大约有两种形式：一是百科类形式，二是分科类形式。百科类形式如《中国大百科全书》、《大不列颠百科全书》、《苏联百科词典》等。分科类形式如《哲学大辞典》、《社会学词典》、《国际社会学百科全书》、《新社会学词典》等。然而，《大不列颠百科全书》中却没有权威词条，而《中国大百科全书》又是分类编册的，它将权威词条放在《哲学》分册中，所以，现有的学科类解释，基本都是以分类形式出现的。下面重点摘引几种分类学科词典的解释：

《中国大百科全书·哲学》中关于权威词条的解释：权威，在社会生活中靠人们所公认的威望和影响而形成的支配力量。权威和权力都以服从为前提，两者有联系又有区别。

权力是一种强制力量，权威是通过令人信服的威信、影响、声誉发生作用。在许多场合，权威和权力结合在一起，相互为用、相互增强。权威产生于人们组织起来进行联合活动的客观需要，它是社会生活不可缺少的条件。①

冯契主编的《哲学大辞典》中关于权威词条的解释：权威，含有权力、尊严、力量和影响的思想，指最有威望、最有支配作用的力量。某一个人、某种观点体系或某种组织，由于其活动内容的价值、功绩或品德被社会所公认，都具有权威的意义。权威的适用范围、基础和体现者本身，随着经济关系和政治关系的变化而变化。马克思主义认为，权威的产生和存在有其社会物质基础和客观必然性；在阶级社会里，政治国家的权威是必需的；为了无产阶级自身解放的事业，必须把本阶级的利益、意志和力量集中表现为革命的权威；任何权威都是相对的、有条件的，绝对权威是不存在的，权威是在实践中逐步形成和发展的。②

《苏联百科词典》中关于权威词条的解释：权威，广义指某人或某组织由于其知识、品德、成就和经验而在社会生活各个领域所享有的公认的影响。狭义指实施权力的一种形式。马克思主义一方面强调，任何形式的社会生活都需要权威，另一方面也否定迷信权威，反对个人崇拜。

英国学者迈克尔·曼主编的《国际社会学百科全书》中关于权威词条的解释：权威，一种特殊的权力类型。继帕森斯之后的大多数社会学家都将其定义为有权者和无权者都共

① 《中国大百科全书·哲学》，中国大百科全书出版社1987年版，第690页。
② 《哲学大辞典》，上海辞书出版社1990年版，第294—295页。

同承认其道义上是正当的、合法的权力。但也有一些受冲突论影响的人，认为这种权力几乎从未得到无权者在道义上的认可。与上述定义相反，他们把权威定义为完全制度化了的权力，权威的实施是毫无问题的，因为它是一种常规——权威无所谓正确或错误，权威就是权威。

英国另一学者 G. 邓肯·米切尔主编的《新社会学词典》中关于权威词条的解释：权威的运用，是权力的主要形式之一。通过权威的运用，众多个别行动者的行动被置于或保持在有秩序的状态中，或者被协调起来在合作中达到某一特定目标或某些普遍目标。权威是权力的一种形式，它通过命令来安排或联合其他各个行动者的行动。这些命令之所以有效，是因为被命令者认为这些命令是合法的。权威不同于强迫性控制，因为后者借助其赏罚能力而使人们遵从其命令和规定。

国内有两本《社会学词典》涉及权威词条，一是人民出版社 1989 年版，由张光博主编。一是山东人民出版社 1988 年版，由王康主编。

张光博主编的《社会学词典》对权威词条的解释：权威，在实践中产生的最有威望、最有支配作用的力量，是带有强制性的影响力与控制力，是权力的形式之一。权威体现了组织与个人的某种关系，它是由国家的法律、法令或主管部门的决议所规定的，或者是在实践中，在历史上约定俗成的，不是可行不可行的私人之间的协约。因此，它对接受权力者具有不可违抗的约束力，它通过管理人员的职权来体现，并表现为执权者与接受权力者之间权威与服从的关系。所以权威又具有职权性的影响力，或称职位权力。根据表现权威的社会生活领域的不同以及对人们施加影响的方式不同，分为经济、政治、宗教、道德、职业、科学和其他种类的权威。没有各种类型的权威，社会就不会存在，或者会变成无组织的、乱七八糟的东西，即使到了共产主义社会，作为暴力性质的政治权威不复存在了，但作为具有约束力和影响力的其他权威还将存在。

王康主编的《社会学词典》对权威词条的解释：权威是能够使人信从的力量，不包括以纯暴力的形式达到的控制力量。它依赖于两个基本要素：自愿服从、信仰体系。信仰体系是指人们具有的关于应该接受某种影响的观念体系，决定着权威是否合法，合法的影响者和有责任服从它的人构成了权威系统。

就目前所见，关于权威概念的解释大致如上，其他各种书籍中关于权威的解释，从总体上看，基本被涵盖在这些词条的解释中，故这里不再做摘引。

（三）概念的比较与分析

上述几种关于权威概念的解释，为我们对权威现象深入研究提供了一个基础，分析比较上述解释，是探寻权威现象内在实质的肇端。

首先，上述词典的解释基本分属于哲学和社会学两大学科，而政治学词典及一般政治学概论书中多不列为词条和问题。哲学类词典虽然列入权威词条，但其具体的解释，似乎仍没有更多地从哲学角度进行，反而与社会学的解释具有极大的相似性。

但是，我们在许多政治学著作中，尤其是历史上的政治学著作中，看到了对权威现象的论述，现代以来关于权威理论的论述，则很多是在社会政治学著作中的。这些说明，权威现象在人类认识的历程中，曾经作为政治学的研究对象而出现，或者说，在人类对权威进行理论认识之初，是把它当作政治学现象来看的。应该说，这是符合人类社会历史发展的客观实际的。

人类理论思维的发展最初是以对周围世界的笼统综合认识为特征的，古希腊亚里士多德开始在集大成基础上而注意分科，但在社会科学领域也只是首先注重了政治学的分离，他把一切能够从哲学研究对象中分离出来的社会现象均划为政治学研究的对象。这一传统无疑奠定了权威最初之作为政治学范畴的原因。当然，在亚氏所生活的年代，人类社会生活本身也尚没有今天这样繁杂，生活领域的划分也不如今天细密，这使得权威作为政治学概念的提法无可厚非。

随着社会的发展，社会生活的不同领域的特征日益凸现出来，人类对社会生活的认识也日益深刻和全面，于是对权威现象的认识就逐渐从政治学领域转向社会学领域。其主要原因也就在于，权威现象并不仅存在于社会政治生活中，它实际上存在于社会生活的各个领域，从政治到经济，从文化到教育，从军事到科学等领域，这时再仅从政治学角度认识、解释权威显然是远远不够的了，于是，权威被放到了社会学研究的领域。这大概是当前权威概念多在社会学著作中讨论的原因所在。

然而，权威现象由于出现于人类产生之际，并渗透于人类社会生活的各个领域，而且还将伴随人类社会的发展走向永远，因此，仅局限于社会学的研究就不够了，它必须进入哲学研究的视野。只有从哲学角度进行深入的研究，才可能真正地认识权威的实质、特征、功能、类型及其发展规律。

作为社会学概念，权威已开始摆脱政治学领域的强制性特征，逐步接近其本身的实质性和真理性的理解。在政治学领域，权威还难以同权力有比较明显的分辨，强制性特征往往也体现在权威的实现过程中，这显然是与权威自身的发展历程相一致的。正如前面所说，在人类社会进入阶级社会以后，社会不同阶级，尤其是两大对立阶级之间的矛盾始终处于尖锐对抗之中，受不同的经济利益的驱动，一个阶级对另一阶级的统治、压迫、剥削，始终是建立在强权政治基础之上的，被剥削、被统治阶级对于统治阶级权威的服从，也是摄于其在经济基础上的统治和政治强权的压制，因而，其强制性特征表现得十分突出。而当社会发展到阶级社会的最后一个阶段——资本主义社会时，尤其是在资本主义向社会主义过渡的大的历史时代之时，人类对于自身社会的管理已开始进入比较自为的阶段，即随着权威在社会生活领域的多方位展开，强制性特征已越来越没有存在和表现的场所了。由于社会学所包括的许多领域，并不存在权力的实现条件和机制，如思想、理论等，于是从客观上制约了强制性特征的普遍性应用，同时也使得权威自身应该具有的实质性特征逐渐显现出来。

由此说明：其一，权威现象的理论认识已从政治学领域进入社会学领域，但尚未真正进入哲学领域；其二，作为社会学概念，权威的特征已开始摆脱强制性，并预示着对权威的认识正逐步走向真正的实质性的理解。

其次，在上述摘引的权威词条解释中，马克思主义与西方资产阶级思想家之间存在着差别和对立。

马克思主义多强调权威是一种最有威望、最有支配作用、最有影响的力量，并且在给了权威的一般定义之后（这种定义也不尽完全相同），对于权威产生与存在的基础，对于权威的表现形式和作用范围，都表明了自己的态度，尤其是强调了社会经济关系和政治关系在权威的体现上的影响，强调了权威与社会实践的联系，强调了权威的相对性和绝对性的辩证关系。

而西方资产阶级学者所给予权威的解释，则始终是从权力的角度展开的。不仅从权威是权力的一种形式来定义，而且进一步地认为权威是一种制度的、合法化的权力。因而，在他们那里权威成为有权者与无权者之间的一种特殊的关系，权威的实现是在有权者与无权者之间的服从与被服从、命令与被命令的关系中达到的。

应该说，把权威仅仅视为一种权力形式，或只是从有权与无权、命令与服从等方面理解权威，是十分偏颇和错误的，也并没有真正把握权威的实质。西方学者之所以在理解权威概念时会采取这一立场，从根本上说是与其基本的立场和方法有关的。从资产阶级立场出发，在哲学世界观上坚持唯心主义历史观，因而对于权威等一系列社会现象的产生及其存在基础都用英雄史观来解说。在他们看来，历史是由英雄人物创造的，社会的运动、变化是英雄人物推动的。权力欲是人的主要欲望，是社会发生变化的主要动力，但掌握权力的总是社会中的少部分人，因而，只有那些掌握了权力的人才是社会发展的主要力量。既然如此，社会中各种现象的解说根据自然需从这种人人都具有的权力欲望来实现。① 权威也是一种社会现象，自然不能超身事外，更何况权威现象在很长一段时间里，就是被权力所遮蔽着呢。

资产阶级学说立论的实质所在正是其学说的错误之处。试图从人的源欲——对权力的追逐，来说明人类社会的运动，说明社会中的一切现象，实质上是忘记了在阶级社会中，人们对权力追逐的背后的物质的原因，即是对社会的物质生产资料的占有和控制。因此，马克思主义认为，人类的一切活动从根本上说是物质资料的生产和再生产及人类自身的生产和再生产。人类社会现象从根本上说都受物质资料的生产及其方式的制约。

权威是一种社会现象，权力也是一种社会现象，两者之间既有联系也有区别，但不应该是种属的关系，不应该是一般与个别，普遍与特殊的关系。权力通常是与一定的社会力量联系在一起的，通过社会组织来强制实行自己的意志。而权威从一般的意义上说，虽有其一定的强制性为辅助和补充，但最主要的似乎应该是其一定的影响力。当然这种影响力的来源是多重的，其中也应该包括一定的社会组织的力量。把权威直接视为权力的一种形式，显然是错误的。权威作为一种社会现象，只有把它当作一个客体的存在物加以考察，才

① 参见［英］伯特兰·罗《权力论》，商务印书馆1991年版。

能够真正地把握它的实质和特征。若是与权力加以混同或归属于权力的一种形式，将最终无法真正地理解权威的实质内容。对这个问题的具体分析将放在后面的章节中进行。这里，我们所要说明的是，在现有的关于权威概念的解释中，马克思主义与资产阶级学说之间的差别与分歧，为我们下一步的研究开创了基础。

再次，分析和比较上述关于权威概念的解释，可以看到理论界已经达到的认识水平，这种认识水平正是我们进一步研究权威现象的基础。那么现有研究已经取得了一些什么样的结果和达到了什么样的认识水平呢？

其一，强调了权威是一种人们公认的具有支配作用的力量。这一点基本上为各种观点所共识。权威是一种对于人们的行为具有支配作用的力量，这是从权威作为一个政治学概念而延续下来的。但是这种力量又并不完全等同作为权力的力量，其差别是它为人们所公认，这种公认并不完全是由强制性手段所达到的，而是人们的一种服从，是一种自愿的服从，或者说是在权力之外加上对拥有权威的人的某种个人威望的一种信服。政治学的权威概念强调了权威是权力的一种形式，因而在那里权威在某种程度上是依赖一种社会组织的力量实现的。当权威进入社会学领域，它首先便消减了其作为权力的一种形式的特征，因而尽管权威似乎在一定场合和程度上要有社会组织力量的参与，但它更突出的是强调非强制性的力量，是为人们所公认的、并自愿服从的一种力量。

其二，权威产生于人们组织起来进行联合活动的客观需要，它是社会生活不可缺少的条件。人类社会之区别于动物界，一个十分显著的特点，即他是以社会形式活动的，人类面对自然，仅靠单个人的力量是无法生存下去的，组织起来，联合行动是人的特质。但组织起来必须有一定的机制，决不是单个人的简单集合。人类的联合活动是为了一定的目的，即从自然界获取人类生存所需要的生活资料，为了共同的目的所进行的联合活动需要一定的权威，以便协调这种联合活动。人类在面对自然和自身时，都需要这种集体性的活动，因而，权威是一种客观的需要，是一个必不可少的条件。对于权威的这一本质的认识，为把权威研究推向深入做了准备。由于权威产生于人的组织起来进行集体活动的客观需要，因而权威现象不仅存在于人类社会的自始至终，而且存在于人类社会生活的各个方面（人的一切活动都是社会性活动）。因而，对于权威的研究必须从哲学上才可能把握其内在的规律。

其三，权威体现了组织与个人的某种关系，因而它是一种特殊的社会关系。权威是一种社会关系，它的实现是由两个对立的方面的统一而达到的，这就是特定的社会系统中服从者与支配者。只有两者的统一，权威才产生和存在。这种关系的表现并不是固定不变的，有时是组织与个人，有时是组织与组织，有时也是个人与个人。这种变动性决定了它在社会生活不同领域中都能存在，而不局限某一特定领域，形成某种特定关系，相反，它的广泛性存在决定了其特殊性，即它是不同于其他社会关系的一种特殊的社会关系。把权威视为一种特殊的社会关系，这是马克思主义以前和以外的理论家所没有认识到和认可的，马克思主义从其基本立场出发，指出这一点，是权威的理论认识的一个进步和发展。

其四，权威的适用范围、基础及体现者随经济关系和政治关系的变化而变化。权威是一种社会现象，表现的是一种特殊的社会关系。尽管说权威存在于社会生活的各个领域，但它的适用范围也是有条件的，即任何具体的权威都是相对的，一旦脱离特定的范围或系统，权威的关系就会变化、解除。遵循马克思主义的基本观点，任何社会关系都有自身存在和发展的基础，而在人们的社会关系中，最根本的基础是社会的经济基础，也就是说，在社会关系中经济的关系是起支配决定作用的。权威作为一种社会关系，也同样受到经济关系的制约和影响，不同的社会经济关系和政治关系对于权威的实现具有决定性的作用。

其五，权威依赖的基本要素：自愿服从和信仰体系。任何社会现象都有其依赖的基础，任何社会理论也必然有其基本的要素，否则就无法构筑起基本的理论框架。权威所依赖的基本要素可能会有许多，但自愿服从和信仰体系应该是必不可少的。权威不同于权力，权力可以是强制性的，并通过一定的社会组织的力量来实施，权威则不同，它主要依靠人们对其威望的认同来达到，因而是非强制性的，是自愿的服从，权威一旦实施强制性手段，就不再是权威了。同时，权威又必须具有一定的信仰体系，即任何权威都是自己的系统，超出这一系统，权威不复存在。但为何会形成这一特定系统，或者说，维系这一系统的基础是什么？这就是一定的价值信仰体系。权威的服从者之所以对权威的支配者予以认同，是因为具有一致的信仰和价值标准。关于权威认识所达到的这一水平，只是现代以来的成就，但尚未进行具体而深入的研究，这将是我们需要重点讨论的问题。

其六，权威的类型主要依据表现权威的社会生活领域和对人们施加影响的方式。权威既然是一种社会现象，它当然渗透于社会生活的各个领域，但以往的关于权威的研究，大多仅把权威视为政治领域的现象，因而仅从政治学角度研究权威，于是权威与权力常常混淆。把权威的研究从政治学领域引入社会学领域是对权威现象的现实的认可，也是马克思主义不同于并发展和超越于资产阶级学者的关键所在。正因为权威存在于社会生活的各个领域，因而在对权威进行分类时，主要依据的标准，也就是对权威在这些领域的不同表现和对人们所施加影响的方式。

毫无疑问，权威研究尽管没有受到应有的足够的重视，但现有的零散的研究也还是足以构成我们进一步探讨权威现象的本质的基础和出发点。以上所述关于权威研究所达到的成果，并不是非常的全面，但却是对以往关于权威的观点的一种进步和超越，也是我们深入研究的基础。

最后，还必须指出现有权威研究所存在的不足以及关于权威概念解释的缺陷，这才能使我们的进一步研究立足于比较切实的基础之上。就所掌握的资料进行分析，主要存在以下几个方面的缺陷：其一，我们说，任何概念都应反映事物的本质，权威概念也应如此。由于权威是一种社会现象，不仅存在于人类社会生活的不同领域，而且与人类社会生活共始终，所以这一概念应该具有其哲学的意义，即应该能从总体上而不是在权威存在和发展的具体领域和阶段，对权威作出理论的概括。现有的权威概念没有达到这一要求。正如前面所论述，权威的研究已开始从政治学领域向社会学领域转变，这种状况与权威现象的自我发展是一致的，但还未能进入哲学研究的领域，而这是本书所要努力去做的。其二，现有概念由于还无法将权威与权力真正地加以区别，因而对于理解权威的真正实质是不利的。权威与权力是具有相当的密切联系，而且在人类社会生活的一定历史阶段，两者又在某种程度上是一致的，所以区别两者具有一定的难度。但是权威又毕竟不同于权力，它们在表现方式以及实质的内涵上都有着区别，因而必须从理论上进行分析才能使我们真正地认识权威，而这一工作也是需要进一步努力去做的，甚至是首先要做的。其三，现有的权威概念对于权威之产生的根据和存在的基础缺少足够的概括和论证，即人们为什么对某人某事的权威予以认同？不解决这一问题，我们就无法达到对权威实质的真正把握，而要解决这一问题，不仅需要研究权威现象的历史和现状，而且需要分析人们关于权威的理论认识的发展和已达到的水平，更需要从哲学的角度来分析和探讨，这一切都为我们本书的立论提供了依据和要求。

二 权威的实质

正如我们前面所说，权威是一个非常熟悉的字眼，人们常常在不同的场合使用它，但是，究竟什么是权威却不甚了了。一个更为有趣的现象是，80 年代中期国内理论界曾经兴起一场关于新权威主义的讨论，然而，在我们翻阅那时论争双方的文章时，却发现竟然没有一篇对权威本身做一解说，似乎那是不证自明的东西，于是在缺少对权威的实质的认识之下的论争，就出现了许多令后人质疑的话题，尤其是论争双方都在同一意义上使用权威，即把权威视作集权的同义词，甚而有人干脆从专制的意义上使用权威概念。由此可见，权威概念并非已解之题，探讨权威的实质不仅仅只是具有一般的社会学意义，也不仅只具有哲学的意义，它还同时具有十分突出而迫切的现实意义。

（一）权威是权力与威望的有机统一

权威是一种社会现象，它表现的是一种主从或从属的社会关系，这种社会关系是通过最有影响力或具有使人信服的力量与威望的人或物而实现的。

　　社会关系有多种多样，主从或从属性的社会关系同样有多种表现形式，社会生活中的主从性关系在很多情况下是通过强制性手段达到的。权威这种社会现象所表现出来的关系，同样具有鲜明的主从性，但它主要是表现为一种意志的施加者与服从者之间的关系。通常情况下，或从根本上说，权威是与强制性相对立的，因而其主从关系是通过意志施加者的影响力或威望达到的。事实上，任何主从关系都离不开影响力的作用，只是影响力作用的方式有很大的差别。美国学者罗伯特·A. 达尔在其《现代政治分析》一书中提到奈格尔关于影响力的一个定义："影响力是行动者之间的这样一种关系：一个或更多行动者的需要、愿望、倾向或意图影响另一个或其他更多行动者的行为，或行动倾向。"[①] 他并提出影响力具有三种不同的手段："通过由提示或信号组成的信息传递所形成的影响力，可称为受训控制。通过提供有关行动的选择方针是有利还是不利的信息（正确的或错误的）的传播手段所产生的影响力，可称为说服。用在一个选择上增加好处，或在一个选择上强加新的坏处，或两者兼用的手段来改变选择本身的性质的影响力，可称为诱导。"[②] 在这三种手段中，说服又分为理性说服和操纵性说服，诱导则分为权力诱导、强制诱导以及强力诱导。显然，一个人或更多人对他人的影响力的产生，不是凭空的，不管采用了什么方法，都必然由他自身首先具备一定的力量。从一人对他人的服从来说，以

---

　　① ［美］罗伯特·A. 达尔：《现代政治分析》，上海译文出版社 1987 年版，第 37 页。

　　② 同上书，第 56 页。

权力强制和强力的手段实现是比较的容易，只要施加者具有超出被施加者的外在因素即可以，如掌握更多的资源和社会组织力量，而不管这种服从是否出于自愿，以及是否在内在方面具有更多的能力。所以一般来说，最有影响力的人是那些具有除自身内在因素较好之外，同时外在条件也比较充裕的人。这种外在条件在人类社会发展的前期，主要是借助于习惯、传统及其对自然力量的人格化来达到的，而到了阶级社会，则主要是依赖政权的力量来达到的。然而，以诱导等为主要形式的影响力可能表达出多种社会关系，即它未必仅是指称权威这种社会关系，权威还应体现于一定的具有使人信服的力量和威望的人或物之上。所谓使人信服的力量和威望，主要是从意志施加者的自身因素而言，它要求意志的施加者在不通过强制和权力的外部条件下，以自身的智识、道德等因素而影响他人，从而获得威望，使他人信服。从这个角度来说，权力和威望是权威的最初的要素，也是权威现象在其发展历程中最初实现的基本条件，所以，可以认为，权威最初就是权力与威望的统一。

所谓权力，一般是指影响和控制他人，并使他人按照一定方式进行活动的能力。通常情况下，权力的实现是与直接的强制行为和对资源的控制联系在一起的。权力也是一种社会关系，这种关系主要是一种支配和服从的关系，即谁拥有超过对方的支配力量，谁就拥有权力，反之，就没有权力，并只能受人支配。① 这里所说的支配的力量并不是支配方独

① 参见王安平等《领导权力学》，黑龙江人民出版社 1991 年版，第 3 页。

自获得的，支配从来是与服从相统一的，支配的实现是由于服从的具备，而服从之所以具备则是因为社会的因素，即支配方的力量获得一定的社会意义，它在一定程度上是作为社会的一种代表形式。不管支配主体本身的动机是什么，也不管主体的表现者是谁（单个人或集体），它都是以社会名义来实现支配力量的。因而，权力所强调的是支配力量的社会性，没有对于社会组织的代表，权力是难以实施的。

威望是一种令人崇敬的威势和声望，它的实现通常有两个因素：一个是主体自身的素养，另一个是客体对这种素养的心理认同。所以威望注重的是支配力量的主体性，强调的是主体如何以自身在知识、道德等方面的全面性和高尚性来赢得他人的崇敬。因而，社会的强制性在这里不是主要的，或者说，它主要不是通过社会组织的力量来实现自身威望的提高。正因此，威望总是把支配力量限制在非强制性的方式之内，凡以强制手段迫使他人服从的方式，必然难以获得他人的崇敬，尽管他人可能绝对地服从。只有当这种强制性不是对准自身的，那么才可能获得这种崇敬，而只要这种强制性是对准自身的，这个受强制性支配的人便很难产生这种崇敬心理。

权威在其存在的历程中，特别是在阶级社会，其影响力的实现总是通过这样两种方式达到的。它也很难同权力做出截然分明的区别，在很多情况下，权威实现的方式与权力实现的手段是一致的，但它毕竟又不同于权力，因而在一定程度上，它又通过威望来实现。权力和威望的有机统一应该是权威的内在要求，是权威发展历程中一定阶段的必然形式。

权威作为一种社会现象，在人类社会产生之时即已出现，它对于社会秩序的维护、社会生活的运行，都起到了不可替代的作用。而人类对于权威现象的认识则是不太久远的事情。无论是权威现象本身还是对权威的认识，都是一个发展的过程。权威被认识最初是在政治学领域的，因而与权力的联系比较密切，即更多的是以社会组织的力量来实现。这不仅是人们的认识发展水平所限，也是权威现象本身的发展所制约。人类有记载的理性认识，在西方产生于古希腊，在中国产生于殷商时期，当时人类社会正处于奴隶制社会，或奴隶社会开始解体之时。奴隶主阶级在对奴隶阶级的统治中，采用的是棍棒与枷锁的强权手段，他们不需要通过奴隶的崇敬和信服来达到维护统治地位的目的。古希腊社会的民主制是在奴隶主内部实行的，对于奴隶没有民主，在维护社会秩序方面靠的是强有力的国家政权，中国古代社会也是如此。权威的表现离不开这种社会政治生活的现实，也就是说，在当时，权威的实现是与权力具有的强度相关的。当然，威望作为权威的一个内在要素，在当时也是存在的，比如奴隶主内部的民主，必然要有一定的统一意见，这种意见的统一体现，一定程度上是对一定权威的尊崇，即是说，在统治阶级内部系统中，也有权威体现，这种权威首要的是实力，即对资源（政治资源、经济资源等）的拥有程度，但同时也不排除个人威望的作用。这种威望的树立和拥有，是在对奴隶阶级的统治过程中达到的。因而，从总体上说，奴隶社会中权威的体现是以国家权力的强制达到的。权威在这样一种现实的社会基础上，只能是更多地体现于社会政治生活之中。

与之相应，科学在古希腊时还处于萌芽状态，因而是以笼统的形式出现，各门科学还都被包括在哲学之中。到古希腊中晚期，理论上已认识到社会科学有分离出哲学的必要。亚里士多德既是古希腊思想的集大成者，又是他开始对思想各学科进行分类，逻辑学、政治学等学科已开始从哲学中分离出来。当然由于社会生活领域本身的成长还处于早期，一切都是以政治为中心，所以在社会科学从哲学分离出来时，便以政治学为所有社会科学的代表。可见，在奴隶社会及其解体过程中，权威的实现只能是以强制性手段达到，只能是通过社会组织的力量来达到对权威的服从，此时，权威的另一面，即权威关系中支配者一方的主观的内在性要素，还没有迫切的需求。

（二）权威是意志的施加者和服从者的统一

随着人类社会的发展，社会生活领域日益扩大和分化，尤其是近代以来，科学技术的成长，使得人类对于外部世界以及人类自身的世界（社会和人自体）的认识也日益深化，维持社会机体的运行秩序就不仅仅只存在于政治生活领域。社会生活其他领域其秩序的维护也日益重要，采用政治领域的方法来解决社会其他领域的关系，对于社会的进步和发展已是消极和负面的了。一方面社会生活不同领域的特征越来越明显，另一方面社会科学的不同学科也逐渐分化出来，于是权威现象的存在领域也不再只是由政治生活领域所包括，与此相应，对权威的认识也就从政治学领域而转到社会学领域。由于社会生活并不同于政治生活，在政治生活中所采用的以国家权力为中心维护社会秩序的形式，并不能适用于社会生活的各个领域，社会生活的不同领域既有自己的特征，自然就需要有不同的运行机制。若把政治权力在经济领域中推行，便会损害经济自身的发展规律。思想文化领域的问题同样不能采用政治的权威和手段来解决。这个时候，在权威的实现中，强制性因素无论是在适用的程度上和广度上都大为削弱。在社会生活不同领域中，权威的支配力量也主要不是来自于社会组织，权威施加者主要是以内在的主观素质的提高而获得他人的崇敬与信服。这表现了在权威的支配与服从关系中，权力等强制性因素退居次要位置，而一定的价值标准和行为模式开始受到重视。

社会生活中，特定的价值体系和行为模式对于社会秩序的维持和运行的作用，是随着社会生产力的发展从而引发了人们对于自己地位的重新估计和解放而日显重要的。生产力的提高，表现了人对于自然的征服能力的增强，科学技术的发展，使得人对于自然及社会中复杂现象的认识日益深刻，资本主义社会代替封建社会，也在一定意义上是对封建专制的彻底否定，于是人的意义和价值开始受到人自己的认识和理解。在这种情况下，权威的实践便必然渗透着人们的价值体系的因素。强权和专制历来是与人的解放与价值相对立的，当一个社会进入到新的社会形态时，其新的价值标准的影响绝不只限于道德领域，而是体现于社会生活的整体之中，同样，权威的运行倾向于非强制性的力量就是十分显然的了。

当然，权威既然是维护社会秩序的一种机制，它自然不可能没有一定的权力因素起作用，尤其是国家的权力部门，

更难以将权威完全从权力之中剥离出来。而且，权威既然是
一种社会现象，存在于社会生活的不同领域，我们也难以排
斥社会组织的力量对于权威实现的支撑和依靠作用。但是，
有一点是很清楚的，人们在认识这些现象时，已逐渐区别开
权力与权威的一般关系，已开始将权威视为与权力不同的社
会控制机制。如果说，权力是以其社会组织的力量，在一定
社会阶段以其合法性（法律化、制度化、规范化）为基础，
那么，权威则是以其非强制性的意志和支配力量为基础的。

　　由此可见，权威最初的表现就是权力与威望的统一。而
随着社会的发展，社会生活领域的扩展和分化，对权威的认
识也开始深化，再以权力与威望的统一来定义权威概念，便
不易帮助我们认识、了解权威的内在本质。为此理论界提出
了一系列新的解说，我们在前一章中已对这些解释作了分析。
从分析中可知，不管已有的解释有多大差异，但都认为权威
是在某种范围内被公认为最有影响力或具有使人信服的力量
与威望的人或物。作为一种特殊的社会关系，它包含两个方
面，即意志的施加者和意志的服从者。这一认识已经跳出了
单纯从政治学角度理解权威的模式，而开始从社会学角度给
权威一个定义。由于权威现象不再只是政治学概念，因而用
权力和威望的简单结合已难以真正说明权威的实质，所以提
出意志的施加者与服从者的关系来为权威作诠释。意志的施
加与服从可以有不同方式，但至少排除了绝对的权力的强制
性和社会组织力量的作用，它在一定程度上更强调意志的价
值标准和非强制性。当然，这种认识同权威是权力与威望
的统一并不矛盾，今天的权威形式在许多领域并不能排除

与权力的相互影响和作用，有些权威形式也正是依赖于其所具有的权力地位而形成的，对此无须讳言。我们要强调指出的是关于权威实质的理解，已不可能以权力作为具有普遍意义的解释，它需要根据权威现象的历史发展及现实存在，在普遍的意义上作出解释。从这一角度来看，说权威是意志的施加者和服从者的统一，可以使我们在一个新的角度和层次来认识权威，也有利于将对权威实质的认识推向深入。

（三）权威是对客观必然性的认同和选择

社会实践的不断发展，决定了人类的认识的不断深化，权威现象随社会的发展而日益扩大自身的实现领域，必然为权威认识的深化创造了现实的条件。而以往认识所存在的缺陷，恰恰正是认识进一步发展的前提。尽管权力和威望是权威的组成要素，尽管我们认为权威实际上是在一定范围内的被公认为最有影响力或具有使人信服的力量与威望的人或物，尽管权威作为一种特殊的社会关系，是关于意志的施加者和意志的服从者之间的关系，等等，但是作为权威的实质，它们还是没能回答为什么一些人会对另一些人具有权威的影响？或为什么一些人会信服另一些人的权威？如果说权威在某种意义上是意志的施加者与服从者之间的关系，那么为什么一些人的意志具有这种力量？或一些人为什么会服从另一些人的意志？如果说以上都还不能完全避免权力因素的作用，那么在权威现象存在的一些非权力领域，权威又是如何获得的呢？当权威不再具有强制性，而更多地表现为对某一价值标

准和行为模式的认同时，这种价值标准和行为模式又为什么
会影响某一类人？或者说，某些人为什么会信仰某种价值标
准，推崇某种行为模式？这就需要一个更为深层、更为根本
的东西来解释了。

法国社会学家莫里斯·迪韦尔热在《政治社会学》一书
中对此有过论述："一个人为什么能够让另一个人服从他
（尽管社会标准和价值并未承认他有这种权力）呢？答案可
有几个：首先，我们可以区分建立在强制或暴力基础上的影
响力与建立在威望之上的影响力，其次，可分为违背集体价
值体系的影响力和符合价值体系的影响力。"① "当一种力量
来自威望和门第，即它具有某种精神方向的优越性时，这种
力量就会使服从它的人甘心接受。众所周知，提出要求的人，
他本人并没有提要求的权利，也不拥有权力，但人们却听从
他的要求，这是因为他们承认他有比自己更好的判断能力、
理解能力和阐述能力。领袖被人服从是由于他有威望，而不
是因他有一种被集体正式承认的权力。"②

在这里，迪韦尔热首先指出一些人对另一些人的服从，
可以是对具有强制或暴力的影响力的服从，也可以是对一种
建立在威望基础之上的影响力的服从，他接着强调了价值体
系的影响力，人们对于一种力量的甘心接受和服从，并不是
所具有的权力，而是一种威望，一种精神方面的优越性，即
是其所具有的价值标准。就一个具体的人来说，他之所以具

---

① ［法］莫里斯·迪韦尔热：《政治社会学》，华夏出版社 1987 年版，第 114
页。

② 同上书，第 115 页。

有一种权威，即在于他的判断能力、理解能力和阐述能力的超群性。

　　人们之所以会服从某一权威，从最一般的意义上说，至少有以下三点根据或条件：一是因某些人具有对某些事物的更多地、更全面的知识；二是因某些人对某些事物的认识更深刻、更合理；三是因某些人控制了社会生活和生存的一定资源，从而对其他人的生存具有支配作用。权威是一种支配—服从的特殊的社会关系，当这种支配—服从的社会关系不是从强制和暴力的意义上来规范之时，权威的获得便必然更多地来自于上述三点。

　　马克思主义历来认为，人类是以社会的形式而存在并进行活动的，人的一切活动都是为了处理人与自然以及人与人的关系，而后一种关系又是建立在前一种关系之上的，或者说是围绕着前一种关系而发生的。人在处理与自然的关系时，即需要组织起有效率的社会活动，这种效率性既体现在社会组织起来的统一意志之上，又体现在对自然以及对社会自身的内在规律的认识之上。社会活动的统一意志是社会活动一致性的必要前提，因为"许多个人进行协作的劳动，过程的联系和统一都必然要表现在一个指挥的意志之上，表现在各种与局部劳动无关而与工场全部活动有关的职能上，就象一个乐队要有一个指挥一样"①。这个"指挥的意志"就是权威。没有权威，任何一个社会要保证生产连续不间断地进行，社会秩序正常运转，都是不可能的。同时，社会生产和社会

---

① 《马克思恩格斯全集》第 25 卷，人民出版社 2001 年版，第 431 页。

秩序的正常运行，又必须建立在对社会生产规律和社会发展规律的正确认识之上。不了解生产的内在规律性，权威的作用越是突出，其对社会生产的破坏性也就越大，不了解社会发展的内在规律，权威的作用将会导致社会专制独裁的现象，并最终破坏社会的正常秩序。

上述之产生与存在的根据和条件，前二点主要是从权威主体的理性认识角度而言，正是因为人类首要的是处理与自然的关系，是了解和认识自然的规律，以指导自己从自然中获得维持生存的生活资料，因而，在这样一个永恒的主题面前，对于自然、客观事物的知识的完备性了解与对其内在规律的正确揭示，就具有了对缺乏这种了解和认识的人们的影响力。人们对某个人、某类组织的权威的服从，乃是因为这个人、这个组织具有对某一特定事物的更多、更全面、更深刻的认识和了解，服从由这一认识所形成的解决面临问题的意志，是人类处理与自然及与自身关系的必须。一个人、一个组织要确立自身的权威，就必经具有比别的人更多地对于事物的了解和认识。我们常说的知识权威、教育权威、科学权威等，都是指这些权威们（权威的主体）具有比平常人在知识、教育和科学等领域更多的了解，也正是因为他们了解的更多、掌握更多的知识，我们才称其为权威。再如，我们常看到和听到新闻媒介称某权威部门、某权威人士如何如何说，都说明这些权威部门或人士掌握了更多的信息、资料，因而比其他人对某些事物更具有发言权。

然而，仅仅具有更多的信息和资料，还不能构成具有权威的充分条件，因为对于同样的信息、资料，人们可以做出不同的分析和判断，形成不同的认识，而这些不同的认识在指导人们的行动时必然会带来不同的结果。人们在对某些人的意志予以接受并付诸行动后，若获得的是失败的结果，那么这些人和组织的意志就很难再具有权威性了。在社会生活中，常常有一些新闻媒介在传播信息及作出判断时，因不同原因导引出错误的结论，就很难再为人们所相信，于是也就丧失了权威。社会生活实践给予了人们一次又一次的考验，正是在这一不断地实践考验下，人类对于权威及其确立的认识也进了一步。权威的确立不仅需要对于事物的更多、更全面的了解和认识，还需要对于事物的内在本质和规律的揭示，只有更加深刻地认识了事物的实质，才可能按照事物的内在规律去组织起人们的社会活动，从而获得成功。这样的意志的施加才会得到人们的服从，才能真正地确立起权威。事实上，只有获得真理性的认识，只有按照事物的内在规律去组织社会活动，才会对人们具有最终的影响力。随着社会的发展和人类理论认识能力的提高，使这种最终的影响力，大大地缩短了发挥作用的历程，人类对于外在世界及内在世界的认识，从问题的提出到最后的解决，其间的历程日益缩短。近代以来，科学技术的飞速发展，使得人类处理与自然的关系的能力大为提高。同样，人类现今处理人与人的社会关系的能力，也由于对于人类社会规律的不断深刻认识，而获得提高。

当然，我们所说的对于事物认识的更全面与更深刻是确立权威的必要条件，但这又毕竟是权威发展中应该具有的理想型的规定，在权威的发展历程中，要完全达到这样一种形态尚需要人类社会的进一步发展。在现实社会，权威的确立还离不开前述所论根据的第三点，即对于人类社会生活和生存资源的控制。这一点与前述两点不同，它不属于人类的理性认识范围，而属于社会的活动范围。控制一定的社会生活和生存的资源，毫无疑问会增加一个人、一个集团对于他人的支配能力，这种支配尽管可以不以强制、暴力的形式出现，但却与一定的权力结合在一起。人类社会生活和生存的资源，严格说来都是属于社会的，即使在私有制社会中，私人占有一定的社会资料，却也是为社会认可的，即社会组织赋予了他拥有这些资源的权力。因而，从这种意义上说，它似乎体现了社会组织的力量。当某个人拥有了一定的资源，他在实施支配力量时，就可以用这些资源作为使别人服从其意志的筹码，或者给予、或者剥夺，以示奖惩。在这种状况下，一些处于资源缺乏的人或群体，就可能为生存所迫，而去服从控制资源的人的支配。这一点在阶级社会表现得十分突出。

阶级社会中，统治阶级的意志的执行，主要的是依靠其手中所掌握的国家政权的力量，而这种力量其来源正在于对生产资料的占有。奴隶主对于奴隶所拥有的权威，乃是他利用其国家政权的强制工具获得的，奴隶不仅不占有生产资料，而且自身也是一种生产资料为奴隶主所占有。封建地主对农民的统治和剥削，从总体上是依赖于其阶级利益的代表——国家政治的力量来实现的，但其具体的剥削方式又不同于奴隶主对于奴隶的剥削，他是真正通过其对生产资料，主要是土地的占有，而迫使农民不得不依附于他。对于资源的占有和控制在这里体现得十分明显，就名义上说，地主并不具有对农民的生杀予夺大权，但农民在其超经济的压迫下，不得不服从其意志。而事实上，这种服从乃是对生产资料这种社会生活与生存资源的服从。资本家对于工人的统治和支配，比起奴隶主和地主又有不同。资产阶级在法律上规定人人生而平等，在社会经济活动中执行平等交换原则，劳动者自身是自由的，是自己的主人，然而，在现实的社会关系中，这一切规定都因其对生产资料的控制与否而全都改变了其性质。如果劳动者不臣服于资本家的意志，尽可自由地离去，但最终也就会自由地死去，因为生活资料的资源并不具有。我们从现代资本主义自诩为民主、自由象征的议会制，就可看出拥有资源在支配社会生活中的强有力作用。各个不同的大财团通过院外势力以及其在政府和议会中的代理人，来贯彻自己的意志，其对社会生活的支配作用这种权威的拥有，是同其对社会资源的控制分不开的。即使我们前面所说的权威确立的两个条件，即对某些事物的更全面、更深刻地了解和认识，从某个方面而言，也常常与对社会资源的控制有关，特别是对信息资源、事物背景知识的控制资源等等。因为对事物的更多、更全面的知识，本身就是一种资源，是所要了解和认识的该事物的资源。因而，对于人类生活和生存资源的控制，尽管在阶级社会是十分突出的，但也是人类社会整个发展过程中所不可缺少的一个环节，即它是权威之被确立的必要条件。

通过上述分析，我们看到，权威包含着权力与威望两个因素，它通过最有影响力或具有使人信服的力量与威望的人或物而实现，它本质上的含义应该是指，人们对于掌握了某种必然性的人的意志的服从，因而它事实上是一种对客观必然性的东西（规律性、真理）的一种认同和服从，这种认同与服从在一定意义上又是一种价值选择。这应该是权威概念的最本质的定义，是一种哲学上的规定。只有把权威视为对某种必然性（规律性、真理及价值）的认同和选择，才可能最终解释人们为什么会服从一些人的权威，也才可能解释为什么一些人能够对另一些人具有权威。

（四）权威的内在两重性

事物总是一分为二的，对事物内在矛盾的认识可以因我们的认识水平而有差别，而且也会因对于事物发展的认识程度而有区别。权威是一种社会现象，它也具有自身的内在规定性，这一规定性即其内在矛盾的体现。作为一个矛盾统一体，它自然是对立统一的，在矛盾的对立统一中，最基本的两重性是其普遍性与特殊性，也就是事物矛盾的精髓即共性与个性的关系。同样，我们在考察权威现象时，也应抓住其内在两重性，从普遍性与特殊性，共性与个性上加以分析。

权威的普遍性、共性，即指权威存在的普遍性，它不仅存在于社会生活的各个领域，而且存在于人类社会的始终，它是社会运行的不可缺少的机制，是组织社会生活、维护社会秩序、促进社会发展的必要条件。这一共性特征从对权威的认识而言，又体现为它是人类文化精华的积淀。从权威是权力与威望的统一，到权威是意志的施加者与意志的服从者之间的特殊社会关系，从权威是最有影响力或使人信服的力量和威望的人或物，到权威在本质上是对客观必然性（规律性、表现）的认同与选择等，都表现了人类对权威这一客观社会现象认识的发展。这是权威理论发展的必然过程，也是人类认识的共同成果。它尽管是随社会的发展而在不同历史阶段所获得的对权威的认识，但却构成了权威认识的总体架构，是获得对权威全面性的认识的基础。任何权威都最终要受经济基础的制约，这是一种客观的历史事实，但对它的认识则是马克思主义产生之后。然而作为一种正确的科学认识，它又构成对权威全面认识的一个重要环节，所以又具有普遍性和共性的特征。

权威的特殊性、个性，即指权威又总是具体的，在不同的历史时期和不同的社会生活领域，权威的表现都是有差异的，都是各具特色的。在阶级社会里，受一定的阶级的制约，权威具有阶级性，不仅是不同的阶级有不同的权威意识，而且是每一权威现象都深深地打上了阶级的烙印，是阶级意志的体现。即使许多本不具有阶级特性的事物，也难以不在其生存背景上受到阶级意志的影响。即如科学，也还存在一个应用的问题，即当要确认科学权威时，很难保障非科学的因素的排除。当然真正的科学权威应该是不受阶级等因素的影响，但那在目前只能是一个理想的目标。因而，权威的个性、特殊性，也就表现为阶级性和时代性。即便进入非阶级社会，同样也存在着社会组织的因素影响。而像在我国这样一个消灭了剥削阶级，即不存在大规模的阶级对立的社会主义初级阶段，科学技术的应用、教育的实施、艺术的评价，都很难做到避免非科学、非教育、非艺术的因素影响，乃至支配或控制。

因而，我们在考察权威现象时，必须从权威的这一内在属性出发，才可能真正明确权威在现实生活中的表现及作用，如果不顾及权威所具有的这种特殊性，就难免会混淆权威与权力的界限，或者会不切实际地追求权威表现的完美，从而不能满足维持社会秩序的需要。

如果把权威当作一个事物个体来看，把权威现象当作具有主体地位的个体来看，那么，它所具有的两重性，也可看作是其社会属性与自然属性。所谓社会属性，即包括其时代性和阶级性，而其自然属性，即指它本身所具有的不受外在因素作用的共性的东西。理解权威的属性将有利于我们对于权威的实质的进一步认识，也将有助于我们正确处理权威在现实社会生活中的特殊作用。

三 权威的特征和功能

(一) 权威的特征

权威是一种特殊的社会关系，它与其他的社会关系不同之处，正是我们所要论述的它的特征，或者说，当我们要全面而深刻地认识权威这一现象时，就必须对于权威的特征做一番考察。权威的特征来自于它的社会关系的具体表现，脱离开其特殊的社会关系是无法真正了解权威的特征的。

权威的特征主要表现为如下几点：

第一，主从性。

恩格斯曾经指出：权威"是指把别人的意志强加于我们；另一方面，权威又是以服从为前提的"。[①] 这一论述指出了权威的本质，即权威就是支配—服从的关系，是意志的施加者与意志的服从者的关系。不论是权力或威望，也不论是影响力或使人信服的力量，都是试图来实施这种支配与服从的关系的。权力尽管不同于权威，但两者的难舍难分以及权威发展的历史的原因，使得在权威发展的一定时期，它成为权威

---

① 《马克思恩格斯选集》第 3 卷，人民出版社 1995 年版，第 224 页。

的一种体现。那么，它所表现出来的是什么呢？就是"某一社会关系内的行动者取得贯彻实现自己意志的职位的可能性"①，也就是在社会生活中的一些人对另一些人的支配与服从的关系。权威不同于权力的地方在于，它不是以社会组织的力量，不是以强制性的力量来实践这种关系，而是以权威主体自身的智识与道德的力量来实现的。权威的支配—服从的关系中，支配方是权威的主体，服从方是权威的受体或从方，因而，权威具有主从性的特征。

权威的主从性特征，在权威的整个发展过程中都突出的存在着，只是在不同的历史时期这种主从性的实现具有很大差别。原始社会的权威是基于对自然及其人格化的敬畏而实现的。氏族部落的首领通过传统和习惯来组织社会的生产和生活，在那儿，部落首领的权威并不充分，由于生产力的低下，人们获得生存资料的艰难，为了维系人类自身的生存，人们所形成的传统与生活习惯具有十分重要的作用。这个时候，部落首领们所具有的权威，实质上是人们的传统和习惯的一种转化、让渡、给予。因而，那时所形成的主从关系的主动方在于"从"方，即是原始部落的人们出于对自然力量及其人格化的敬畏，而形成一系列的传统和习惯。这些习惯和传统支配着他们的行为，氏族首领们只是这种习惯和传统的代表、化身，他们并不是主动地去攫取权威，他们所代表的习惯和传统的力量并不是为了自我的利益，而且也缺乏强制性。这种权威完全靠权威的受体或从方的主动认同和给予，

---

① ［英］迈克尔·曼：《国际社会学百科全书》，"权力"词条，马克斯·韦伯语，四川人民出版社 1989 年版。

当然实质不是认同部落的首领们，而是认同传统和习惯的力量，首领们只是被选定的代表。因而，从某种意义上，原始社会中权威的真正主体倒不是部落首领们，而是全体的部落人民。同样，从一定意义上讲，原始社会所存在的权威形式，倒是更符合权威原来应该具有的内在本质，这大概也体现了否定与否定的规律吧，只是这还是那最初的阶段。

奴隶社会的权威是基于对直接暴力的恐惧，是以强制性为主要手段的。随着社会生产力的发展，剩余产品的出现，于是对剩余产品的占有成为人类进入阶级社会的前提。一方面全社会整个来说，物质生活资料还是处于短缺时期，只能满足少数人的高于全体居民需求的需要；另一方面对于多余产品的私人占有是有违原始公有的基本准则的。因而，最初的私有者只能通过强制性暴力手段来获取并保存这些生活资料。整个奴隶社会都是处于这样一种状况之下，因而社会生活的运转及发展所遵循的准则，所服从的意志，便自然向具有强制性特征的权威倾斜，或者说，这时的权威特征表现出强烈的强制性。在奴隶社会中，权威的实现重心在奴隶主阶级一方，即权威的主方。奴隶主阶级对于自己的意志的施加具有明确的目的性，他们掌握权力，获得奴隶的服从，都是为了稳固自己的统治，为了对生产资料的完全占有。在权威这种社会关系中，作为从方的奴隶没有任何地位，他们对于奴隶主的服从很难用认同的概念来表述，他们的服从已完全没有一种主动性在里面，更不存在所谓的价值标准的认同。所以，在那儿，奴隶实质上已经不被作为一个对应方而存在。奴隶社会里的权威是一种完全被异化了的权威。

封建社会里，农民对地主的服从是以其对自身地位的认可被合法化为基础的，即农民承认了地主对自己的支配地位。这是因为地主虽然不似奴隶主那样具有对奴隶本身的占有，但地主占有了农民生存的最基本的物质生产资料——土地，从而以"饥饿的纪律"迫使农民臣服于自己，尽管名义上农民自身并不属于地主所有。由于生产资料掌握在地主手中，农民只有承认了自己的被支配地位，才可能获得对于生产资料的使用权，而这种承认在封建社会里被认为是十分自然的、合法的，它并不需要从理论上去寻找什么根据。不像资本主义社会里，资产阶级竭力要从理论来论证自己对无产阶级统治的合理性。地主阶级只需把这一切推给神和上帝、老天爷就可以了，也就是说，其合法性的获得本身是没有任何理性的合法根据的。农民承认了自己地位的低下和对地主地位的臣服，也就使得地主的支配作用合法化了，即在地主和农民的关系中为双方都认可了，于是地主的权威也就确立了。

资本主义社会的权威则是以对它的规范化、制度化和法律化为基础的，下级对上级的服从，无产阶级对资产阶级的服从受到社会组织的力量支配。资本家和工人是一对矛盾，资产阶级对无产阶级的统治权威首先来源于其对生产资料的控制，其次是运用国家政权的力量将这种统治权威法律化、制度化和规范化。事实上，法律化、制度化以及规范化本身是对社会组织力量的认可，是对国家政权力量的认可。资产阶级并不在名义上去剥削无产阶级，但却在一系列貌似公正的原则下剥夺了无产阶级。资本家对于工人并不直接地采用强权，但却运用法律和制度来制约工人。工人对于资本家的权威从来就没有真正认同过，他们在强权下所服从的是制度和法律。所以，资本主义社会里权威的真正实施主要是社会组织的力量。在权威的支配方中，资产阶级本身的威望是不为权威的服从方——无产阶级所认可的，资产阶级的权威的确立是通过其社会的组织力量来达到的。

社会主义及共产主义社会的权威应该基于对真理的服膺，对必然性的尊重。在这一社会中，政治组织的力量已经不存在了，由于生产资料的全社会所有，不可能存在为了自身特殊利益服务的社会集团或个人，全社会在总体目标和价值标准的一致，使得社会生活的规则，社会秩序的维持，社会生产的运行等，都不需要强制性力量的参与。总体目标的一致和对客观必然性的尊重，使得人民对于权威的服从变成了对于自身行为的认同。在这里，权威的支配方、主方与权威的服从方、从方，已经合一了。当然，由于社会主义是一个历史的发展过程，在它的初级阶段中，其权威的特征还处于转变期，因而在其主从性特征中，社会组织的力量仍然占有相当的比重，即国家政权等权力部门在社会生活中仍常常具有一定的权威功能，社会生活的其他领域，仍然不能完全摆脱社会组织力量的影响。但是，社会主义毕竟是国家、政治等逐渐消亡的历史阶段，与其相适应，权威的主从性特征中，依靠社会组织的强制性力量来维系的因素已经日益减少了。最后，权威本来应具有的，或权威的实质内涵便获得真正的展现，那时，权威才真正达到是对客观必然性的认同和选择。

总之，主从性是权威的一个重要特征，理解权威的实质，必须重视对这一特征的研究。

第二，互动性。

我们反复强调权威是一种社会关系，因而在讨论权威特征的问题上也应该从这种社会关系的角度出发。权威的社会关系涉及到意志的施加者和意志的服从者两个方面，因而，权威的实现必须满足其主从两个方面的意志，而不仅仅只是主方的，即支配方的意志。因为只有意志施加者的行动而无意志服从者的行动，那么意志的施加必然要通过权力来实现，必然要依赖强制性手段，这是与权威的本质相背离的。若是只有意志的服从者的行为而无意志的施加者的行为，则一方面会使权威走向权力的原始状态，另一方面又会造成无权威的社会无序。事实上，权威应该是双方意志的协调一致，意志相左，要么走向强权，要么走向无序。

之所以强调权威的互动性特征，是因为只有在权威双方的相互作用中才可能真正实现权威。如果说，权威包含着一定的影响力、作用力，那么它就应该有作用和影响的对象。同时，由于权威实现的双方都是由一定的人作为主体的，或者是某种人格化的事物，因而，作为权威受体的从方，决不可能只是消极、被动地接受主方、支配方的支配。如果权威受体只是消极地接受支配，那么其对主方的服从就很难用权威加以规范和界定。权威的服从是一种信服，是对支配方意志的认同，而后才有服从。因此，从权威的实现来讲，主方和从方，支配方和服从方是相互影响和相互作用的。服从方的作用主要在于它对支配方意志的认同，而认同决不是盲目的，认同也不是在一张白纸上的绘写，认同的本意在于认为对方——主方、支配方的意志符合自己的意志，与自己的价值标准是一致的。只有你符合了我的目的和利益，我才可能去认同你，没有我的认同，你的意志就难以起支配作用。除非运用政权等社会组织的力量以强制手法，但那已不再是权威实施的范围了。

权威的互动性特征也是普遍的，尽管在不同领域和不同形式的权威表现中有着很大的区别，但权威关系的两个方面则始终处于相互的作用之中。政治权威，也就是权威在政治生活领域的表现，一般是权威的主要表现形式，国家意志的贯彻离不开全体国民的意志的服从和认同，不求得国民的信服，其国家政权的意志就会脱离人民，走向专制和独裁。阶级意志的施加，则离不开本阶级成员的认同。而作为统治阶级，其意志的实现，恐怕不仅是本阶级成员首先求得共识（这是该阶级意志得以贯彻的必要条件，如果本阶级内部都不能统一意志，则只会丧失自己的统治地位，所以古往今来，每一阶级，尤其是统治阶级在对待被统治阶级时，从来都是一致的，其主要原因即在于其经济利益的作用，在于其只有保持了统治阶级的地位，才能够保证自己的经济利益不受侵蚀），而且也要求统治阶级对其意志的认同和服从。尽管统治阶级与被统治阶级的利益是相互对立的，但这两个阶级在形成一对矛盾之时，却有着共同的对立面，即他们所共同面临的是对于旧的社会形态的否定，也就是否定旧的社会形态是他们之存在的基本前提。地主与农民作为封建社会的一对基本阶级，他们对于奴隶社会的否定是一致的，其阶级本性，即作为一对新生的阶级的出现，也就是因为社会已内在地具备了否定由奴隶主阶级和奴隶阶级为基本阶级的奴隶社会形态的客观必然性。而作为统治阶级的封建地主阶级要维护封建社会的存在，除了他们利用手中掌握的国家机器进行强制性统治之外，不能排除在一定程度上对于农民利益的顾及，做出一定的让步（中国封建社会中每一次改朝换代之后，总是伴随着新王朝对于农民的让步）。由此可见，在阶级权威的贯彻中，权威两方面之间必然是一种互动的关系，没有这种互动，要么走向专制，要么引发革命。至于在科学、教育等领域中的权威形式，就更加需要这种相互的影响和作用了。权威之所以能够体现出来，既表现为权威支配方的意志的实施，也表现为权威服从方对这一意志的认同和服从，不认同，就无从实现权威。

第三，合法性。

在资产阶级社会学著作中，大都认为权威具有合法性。合法性是什么？一般来说，合法的东西总是和法律、制度相联系的，是由国家政权的力量作为其存在基础的。如果是这样的话，权威便改变了应有的性质。我们在上一章中曾指出，权威从根本上说是对于客观必然性的认同和选择，而这与国家政权的力量之间没有必然的联系。当资产阶级社会学家们提出"权威包含着合法性"时，[1] 他们总是把权威同权力联系在一起，如拉斯维尔和卡普兰在《权力与社会》一书中就称"权威是合乎规范的权力"，联合国教科文组织主持的一项研究则指出，权威是"得到同意、尊重和承认的合法权力"。[2] 而事实上，当把权威与权力混淆起来时，或者说以权

---

① 参见 ［美］齐·沙托利《民主新论》，东方出版社 1993 年版，第 191 页。
② 《国际社会科学通报》1955 年第 4 期。

力来解释权威时，权威就不再是权威了。因为，权力的运用和实施，总是依靠强制手段，即合法的暴力垄断来进行的。从这个意义上说，权威与合法性不应发生联系。但是，我们在现实生活中，又大量地遇到权威与权力部门的联系，在对于一些事物发表态度时，"权威部门"和"权威人士"的权威似乎是难以回避的。对于这些权威部门和权威人士来说，合法性的特征是显而易见的，当然，这里有个前提，即从国家权力的实施角度而言。我们在这里所要讨论的权威的合法性特征似不完全等同于上述观点，而是另有所论。虽然权威与法律、制度等的联系有碍于科学地理解权威，但因其在现实生活中的既有状况，也不必加以回避。

我们所说的权威特征的合法性，是指在特定的权威辐射范围内，权威作为一种影响力的形式，来自于人们自发的授予，即它是从自愿服从、为民认可中得到力量。因而，它的合法性乃是权威关系中服从方对于支配方意志力量的一种认可。只有获得了权威受体的认可，权威主体的意志才是合法的，才有意义，才能够真正的得以实施。从这个意义上来理解权威的合法性特征，对于我们深入认识权威将是十分必要的。

权威是以其影响力来发挥作用的，影响力所及范围是与权威主体自身的状况相联系的，其中有一个重要的因素，即权威受体对权威主体意志的认同。在权威主体的意志确定情况下，其权威的受体范围的大小，数量的多少，常常是与受体对主体意志的认同程度相联系的。在一定的范围内，人们认同了一定的意志，于是权威便形成了，同时也就有了合法性的地位，认可就是合法性。这里的一个关键环节是一定的范围或系统。在特定的范围或系统内，人们的认可是合法的，超出范围，就不具有合法性。同时，在这一系统之外，不论是何种权力或权威，也不论是否由国家政权或是否有法律的规定，都不具有权威性，除非这一权力或法律规定与该系统或范围内的价值体系相符合。当然最根本的还是在于是否同事物的内在规律相一致。因此，我们所理解的权威的合法性，并不是与法制、政权相联系的合法律化、合规范化、合制度化，而是指得到人们的价值认同和自愿服从。权威是否合法，是看它是否为该范围的系统内的人们所认可。政治领域中的权威总是同权力相联系的，因而也总是与制度、政权、法律相联系，这又说明，权威的合法性特征并不绝对排斥其在法律意义上的合法性。

（二）权威的功能

事物的功能是与其特征联系在一起的，即一定的特征必然反映着一定的功能，而一定的功能又必然体现着一定的特征。权威特征的主从性、互动性和合法性决定了其功能必然作出相应的反映。所谓功能即事物的效能、作用。任何事物都有一定的功能，从而表明自身存在的价值。权威是一种社会现象，是一种特殊的社会关系，它对于维护社会秩序，促进社会运行都具有不可缺少的作用。我们在这儿所要论述的正是这一作用的具体表现，即权威的功能的特定性。

事物要发挥其功能都有其一定的前提。权威的功能的发挥，其前提是权威影响力的辐射范围，超出这一范围，其影响力也就消失，在这一范围之内，即权威获得认同，那么权威的功能便体现出来（关于权威的前提我们将在后文详细讨论）。

从目前研究状况分析，一般认为权威的功能体现在三个方面：即它可使处于权威影响力以及范围内的成员（包括主从两方）形成共同的意识，使这一范围内的人们接受统一的价值标准，并提供为全体成员共同遵循的行为模式。①

首先，权威的功能体现在以其影响力而使本权威系统内的成员形成共同的意识。

所谓权威，就是意志的施加者与意志的服从者之间的关系，当意志的施加者与意志的服从者达到一致时，权威也就形成了。这里的关键便是两者的一致，即共同的意识。一方面，意志的施加者与服从者的一致，即达到"共意"，权威才能形成；另一方面，权威的内在要求及其根本目标，就是要使权威的主从两方面的意志趋于一致，或说是使该权威系统内全体成员的意志趋于一致。没有权威系统内各要素或成员之间的共同意识，权威就不成其为权威，而权威，首先的就是要形成全体成员（在该权威影响力的有效辐射范围内）的共同意识。这两者之间是相互的，但从意志的施加者与服从者的角度看，意志的施加者是主动的、积极的，是以自己的意志去赢得他人的认同和服从。如果自己的意志被他人所认同和服从，于是这一意志便成为"权威的"意志。从这个角度讲，权威具有使本系统内各要素产生共同意识的功能。

---

① 参见邢建国等《秩序论》，人民出版社 1993 年版，第 39—41 页。

当然，正如我们前面所论，权威之能够确立，权威意志之所以被认同，本质上应该是符合了客观必然性。在现实生活中，这一要求在很大程度上也还只属于理想形态，自人类社会产生以来，权威的表现常常是以强制性手段达到的，常常处于被迫状态之下形成的。另外，也是与人类对事物的认识是一个发展的过程相关联的。

在谈及权威功能的"共意"问题时，我们还需要注意到，共同意识并不是绝对的，并不是权威系统内全体成员的意识没有任何差别，那不是辩证的。马克思主义从来都认为，事物的统一是对立的统一，无差别的统一在现实世界中是不存在的，事物的对立统一是事物的有条件统一。权威所形成的共同意识也只是在一定程度上，一定意义上的"共意"。一般情况下，权威系统内的共同意识总是不完全的，总是有保留的，并不排除系统内各要素之间的差别性，不排除系统成员内还潜存着相异的价值取向。人是社会的人，他具有多重的社会关系，在任何状况下都不可能只具有一种社会关系，只属于某一个社会系统。当他因某种目的和原因隶属于这一社会系统时，他的其他关系也还存在，并从那一关系角度，又使他同时隶属于其他的社会系统，如可以因血缘关系而隶属于不同的家族，同时又可以因对社会事务的态度而隶属于不同的政治派别或社会组织。尽管如此，这种差别和不一致并没有构成对权威系统的破坏，其原因即在于该权威之形成的共同意识要大于其差别性。如果，成员之间意志的差异加大、难以媾和，那么，该权威系统也就会解体。当一个权威系统形成之时，它的功能即通过协调各有差别的要素，使之在一个共同的意志下结合。所以说，共同意识是有差别的共同意识。

其次，权威的功能还表现为该权威系统内的成员具有统一的价值标准，或说，该权威系统内的成员接受了共同的评价体系，从而产生认同作用。

权威既然是意志的施加者与意志的服从者之间的关系，它首先或者直接追求的是意志的一致性，即"共同意志"。但这种共同的意志的实现却可以有许多种，如果采取的是强制性的方式而达到舆论及意志的一致，则很难说是真正的权威体现形式，因为强制性方式的作用常常是权力的表现。权威不同于权力，其根本处应是拒绝强制。于是，权威所追求的意志的一致，就必须通过另外的方式来实现。从权威的本质内涵来看，权威之能达到意志施加者与服从者的统一、一致，其根据即在于它要求权威系统内各成员具有统一的价值标准。统一的价值标准，对于一个权威的形成，具有十分重要的作用。权威系统内成员对该意志的服从应是一种自愿的服从，即对于该权威系统的价值评价体系的认同，从根本上说是对于该事物系统的客观必然性的认同，是对于掌握了必然性真理的服从。因此，意志的服从者首先是在价值观上对意志施加者取认同的态度，没有服从者在价值观上的认同，就很难形成权威系。这还只是权威形成的必要条件，对此我们在后面的论述将会具体展开。在这里所要指出的是，权威系统一旦形成，它会更进一步地提出统一价值标准的问题，权威不仅其形成不能排斥在价值观上的一致性要求，而且当它形成之后，尤其是在实现权威的内在目标之时，更加回避不了对价值体系认同的追求。因而，追求价值标准的一致，要求权威系统内成员接受共同的评价体系是权威的一个重要功能。

价值观，或价值体系是人们对于自己与外在世界之间关系的一种评价尺度，它并不完全是伦理道德的问题，价值体系的评价能力既包括对于人们行为的评价，也包括外在事物对于人的影响和作用的评价。由于权威现象所表现的是一种特殊的社会关系，因而，就价值体系的所属来说，它主要是从社会价值的高度来理解的。社会价值的实现是通过社会价值评判来达到的，"当社会价值体系作用于社会成员、并使多数社会成员认同并遵从其规范时，人们的价值观虽然不可能达到绝对完全的一致，但社会价值体系却能够在某些基本的方面统率人们的价值取向和价值选择，这时的社会价值便获得了较高的统一性"。① 社会生活中的人，其一切社会行为都处于一种意义之中，即都为一定的价值体系所规范，每一行动实施之中，都表明了对于某一事物及其作用的选择都是一种态度。权威的形成，以及权威形成之后的运作，都与社会价值体系的作用紧密相连。权威的形成得力于一定社会成员的价值认同，而权威之形成的目的，亦即使意志施加者的意志为一定的社会成员所服从，这种服从的根据一如前述，正是价值标准的一致。权威的这种目的要求是和它的功能相一致的，即它一旦形成之后，为使权威本身得以有效实施，必须致力于权威影响力的有效辐射范围内社会成员价值标准的

---

① 王宏维：《社会价值：统摄与驱动》，人民出版社 1995 年版，第 58 页。

一致性，否则，该权威系统的稳固性就会动摇。

　　当然，某一权威系统的价值体系是具体的，它既不表明该权威系统的价值体系涵盖全社会的各个领域，也不表明该权威系统内每一成员在整个生活历程中唯此一种价值体系。事实上，人们生活于丰富多样的世界之中，面对不同的事物及其关系，处于不同的领域之中，必然会有不同的价值选择。而作为社会现象的权威系统，也是具体的，社会生活的不同领域会形成不同的权威系统。作为社会的人不可能仅生活于某一单一的社会生活领域，他将以不同的社会活动而涉足于不同的社会领域，如他作为政治人生活于政治领域，作为经济人又生活于经济领域，当他分属于不同的社会生活领域时，将会为不同的权威系统所统摄，被要求遵从其特定的社会价值体系。权威形成之后，一方面需要以其意志的施加而获得本系统内成员的服从，从而形成共同意志，另一方面也需要本系统内成员遵从权威主体的价值体系，从而形成统一的价值标准。社会生活中人们的价值观的形成，主要是因其特殊的社会实践而对于某一事物或现象意义的认同和选择，每一社会成员可因其已具有价值标准而决定对于某一权威系统的加入与否，然而，一旦他进入某一权威系统后，又必然地会受该权威系统的价值体系所规范。任何一个权威系统如果不以其权威主体的价值标准去要求和规范其成员，不仅难以形成共同的意志，而且该权威系统也终会解体。

　　事物总是处于对立的统一之中，事物之间的关系总是辩证的关系，社会成员因其相似的价值观而服从某一权威，但又不可能完全一致。在价值体系乃至其他更多方面的不尽一致，决定了社会成员进入某一权威系统内必须放弃一定的自我意志和评判原则，否则就须退出该系统，这实际上也是一个价值选择的过程。而权威的功能之一便是通过自己的影响力，从本质上说，是权威主体以自己对于客观规律的把握来影响本系统内的成员，使其自愿地信从权威主体所建构的价值体系，从而达到本系统内成员在价值标准和评判原则上的一致。

再次，权威的功能又表现为它造成人们行为上的协调一致，使人们有意识地按照一定的标准调适自己的行为。

权威既然要求意志上的一致性，就决不会停留在一种要求之上，意志是一种心理状态，但任何意志的表现都不仅只是通过语言，同时也是由行动表现出来，两者不可偏废，意志的实现只能通过一定的实践。权威主体的意志需要权威受体的服从，这种在意志上的一致性，其目的在于对于社会关系的处理上符合权威主体的意愿，因而权威主体的意志与受体的意志是否一致，必须通过其成员的行为来体现。由于权威既使本系统内成员形成共同的意志，又要求其成员在价值标准上达到共识和一致，因而，要求其成员在行为方式上也能协调一致。没有行为上的协调一致，权威主体的意志便难以实现，从而也将最终丧失权威。

社会生活中，人们的行为方式是千差万别的，但是由于社会总是形成不同的团体，在这些不同的社会团体中，对于人们的行为方式的要求是不同的。有的要求具有统一的行为模式，有的则要求并不强烈。而在对行为模式的统一性有要求的团体中，其方式也是有差别的。例如，有的社会团体就可能通过强制手段达到其成员在行为模式上的一致，有的社会团体在促使其成员在行为模式上的一致则是通过对该团体的主体意志、主导意识的认同和服从来达到的。权威系统不是社会团体，因而不能完全搬用社会团体中对其成员行为方式的要求，但任何一个社会团体作为一个系统又必然表现出一定的权威意志，只是权威对于本系统成员的行为方式的要求有其自身特色。

一方面，权威系统内成员的行为方式的一致，不能由强制手段而实现，它只能是通过其成员对于权威主体意志的认同，对其价值体系的认同来实现。我们前面曾论述，权威从本质上说是一种对于客观必然性的认同，从这个意义上说，权威的实现，只能通过权威主体自身对于事物和现象的规律的把握来赢得权威受体，即权威系统内各成员的认同和遵从，如果采用强制性手段，便难以保证其对于客观规律的认同，而权威也就不再是它应是的权威了。真理力量首先是通过对于人心的征服来实现的，尽管真理力量有时也会通过一些强制性方式实现，但那多是在背离了真理之后而受到的惩罚所显现的。

另一方面，权威的统一其系统内成员行为模式的功能与它的前两个功能，即使其成员形成共同的意志和统一的价值标准，是有区别的。由于权威系统内成员的行为方式是一种行动，一种社会的实践，往往表现出同意志的不相一致。理论与实践，意志与行动，言语与行为，总是有距离的，可以在理论的领域，在意志和言语上进行纯粹的研究和论证，但在人们的实践中、在行动中就难以保持一种纯而又纯的方式。

由于社会生活本身的丰富多样，任何思想理论一旦进入实践的领域，便会受到各种因素的影响和作用。在权威系统内，权威主体可以要求其受体在意志上的一致性和价值标准上的统一，但对于其行为则不能要求其绝对的一致。权威的认可及形成，乃是人的意志和价值观上认同，而人的社会行为，其每一具体行为方式则并不仅仅由某一种思想因素所造成，常常包含着多种因素，表现了多种意识，这样一来权威主体为使其意志能够实施，便在对其受体行为方式的要求上带有一定的强制性，同时又由于每一社会成员都隶属于不同的社会团体，如果这个社会团体与权威系统统一的话，那么其行为方式的统一就很难区分开是受权威的影响还是权力的作用；如果这个社会团体与权威系统不一致的话，那么权威意志的实施将不得不具备某种程度的强制性。当然这种强制不是依靠权力的作用，而是以对该权威系统的进与退的选择来达到的，而这样一来，其系统成员在行为方式上的统一，便难免不带有被迫性了。

权威作为一种社会现象，在它的存在的历史进程中，常常是难以以纯粹的形式出现的。由于社会生活的文化是一个过程，在其早期，权威往往与权力难以区分，在大多数情况下都为权力的作用所遮蔽，这一点我们在前面已有论述。正是由于权威与权力的这种密切关系使得权威的第三个功能，即使其成员形成统一的行为模式上，表现出一定的特殊性，这种特殊性——强制性，既有影响人们行为方式的他种因素所造成的，也有权威以其对自身的认同要求其系统成员做出选择所造成的。在前者，多因权力的作用而具有强制性，在后者，则多因权威受体的最终选择而具有被迫性，但无论是何种情况，权威要求其成员必须具有统一的行为模式则是共同的。

四　权威的前提与基础

如同任何事物的存在都有自己的前提、基础和范围一样，权威这种社会现象，它之所以能够存在，并且伴随人类社会的发展而不断提高其在社会生活中的地位，也有着自己存在的前提和基础。恩格斯在《论权威》一文中认为："权威又是以服从为前提的。"[①] 我们在前面的论述中也曾多次提出，权威是意志的施加者与意志的服从者的统一，这种统一显然是以服从为纽带的。尽管在现实的权威实现过程中，权威的这两个方面都不可缺少，但从权威的核心前提来看，服从则是更为重要的，权威的实现最终必须体现在权威受体对于权威主体意志的服从之上。然而，服从并不是单一的，在实际社会关系中，服从可能会有不同的形式。恩格斯在那句著名的话之前，还指出："这里所说的权威，是指把别人的意志强加于我们。"[②] 恩格斯的这一论断中，提到了意志的强加，这一论断可以有两种解释，"这里所说的权威"可以认为是指"有些社会主义者""称之为权威原则"的权威，也可以认为

---

① 《马克思恩格斯选集》第 3 卷，人民出版社 1995 年版，第 224 页。
② 同上。

就是恩格斯所认为的权威。联系上下文及全篇的思想似可认为是指后一种解释。恩格斯之所以作出这种解释，是与权威在当时的时代表现有关。由于社会刚从分散的生产经营走向近代工业，大机器的生产不论人们是否愿意都迫使他们联合起来，社会发展的趋势的必然性，在当时是以这种强制性形式表现出来的，而权威在当时的表现形式便很难避免强制性。我们所讨论的权威与之并无矛盾，但主要是从权威的一般意义、从其本质含义上进行的，尽管每一权威现象都是具体的，但却应从这些具体的表现中把握规律性、普遍性的东西。从这个角度来讨论权威的前提和基础，我们会发现"服从"不仅不全是强加的，而且也不应是强加的，它实质上是自愿的，这便是我们首先要确立的权威之形成、存在的前提。

（一）前提之一：自愿服从

把自愿服从视为权威的前提之一，并不是人们对于权威的最初认识。正如前文所述，"服从"在权威的存在历程中，曾长期地以强制性方式表现出来，这既有客观的原因，又有主观的原因。所谓客观的原因，即社会在发展过程中，其功能的分化并不是一次完成的，权力与权威很长时期里被视为同一种东西，所谓权威是权力的一种特殊形式，权力的强制性特征往往也被权威所体现。所谓主观的原因，即人们对于权威的认识也是一个过程，在社会科学本身尚未分化和完善之时，人们对于社会控制力、意志影响力以及社会生活秩序的维持等还缺乏深入细致的分析与研究。这样一来，在社会生活中权力的力量正呈鼎盛之势时，权威的"服从"前提便很自然地被视为"强加于我们"的了。

而事实上，权威从其本质的意义上，它使意志的施加者与服从者之间的统一，是以该意志对于事物现象的规律性把握为依据的。意志的施加者若要使其意志为他人所认同，首先是这一意志与客观规律的相符，由此才能建立起权威。若是与客观规律不相一致，意志的施加及被认可，就必然会导致社会实践的失败。而这种情况下的意志施加，只有辅之以权力的强制性才能达到。因而，意志与客观规律的相符所达到的对意志的服从，并不排斥强制力量的作用。这个时候人们对于某种符合了客观规律的意志的服从，主要是从规律的客观必然性上被要求的，即使不以强制手段，如权力的力量，也不能避免被迫性，因为对于客观事物规律性的认识不可能在同一时期，尤其是事物发展的初期为所有人所达到，没有认识到规律性存在的人，对于符合规律的意志的服从，便常常是被迫的。

然而，权威毕竟又有自身的独特性，权威的本质含义应该是对于事物现象的客观必然性的认同。"认同"必须建立在权威受体对于权威主体意志的理解和评判基础之上，当权威受体在具体地了解了主体意志并加以评判之后，赞同其对于事物的认识，那么就会信服它。这个时候所产生的服从，便不具有强制性特征，而是一种自愿的服从。自愿服从作为权威的前提，实际上为权威的实施提出了一个理想的标准，因而，从一定意义上说，似乎又是过高的要求，因为在我们的现实生活中，以及以往的历史发展中，被我们所称之为的权威现象，绝少严格按照这一标准和要求实现的。在大多数情况下，对某种力量和威望的信服是受到权力的影响的，即使科学的权威、学术权威以及教育权威、真理权威等，在某种程度上，也与其社会的一般评价标准有关。这种社会评价标准实际上也是一种客观的强制性力量，它使得人们放弃自我意志而追随社会意志，这一强制性力量即是社会性。这一点，我们在认识权威现象时不可忽视。

现在回过头来再看权威前提之一的自愿服从。不论提出的要求是否过高，或理想化，当我们从本质意义上论述权威时，都只能这样认为。如同前述，自愿服从是指权威受体对于权威主体的意志从内心处予以认同，从而产生的一种信从。不管这一意志是否对于客观规律的把握，只要是在权威受体当时所具有的认识水平和评判水平之上予以认同即可。

我们知道，人类的认识水平和评价事物的能力是一个发展着的过程，每一时代的人决不会因为自己的认识水平的有限性而放弃认识，也不会因为对事物评价能力的不完善而不对事物作出自己的判断，每一时代的人们总是以自己当时的认识水平和评判能力所达到的对事物的认识和判断为正确的，为自己行动的指导。所以当每一时代的社会成员个体对事物作出认识和判断时，可能会有两种情形，其一，是他对事物作了正确地认识和把握，这时不论他是作为意志的施加者或意志的服从者，都可构成或加入一定的权威系统。其二，若是他对于事物的认识不尽正确与合理，那么他若是意志的施加者，必然最终只能以权威之外的手段实现意志的施加，若是意志的服从者，他则是以社会的一般认识和评判为标准从而放弃自己的意志。此时他尽管是被迫的，但实际上也是一种自愿行为。如果说他放弃了自己的意志（对事物的判断），也是基于他认为所服从的意志比自己的意志对于事物的认识更全面、更深刻。自愿服从本身就包含了主动放弃。从另一方面，自愿服从也表明着主动认同。

当然，当人类认识水平获得进一步提高，人类评判事物的能力得到进一步的增强之时，人们对于事物的客观规律性认识和把握将会更准确、更深刻，从而权威的实现过程中"服从"将会更加趋于自愿。如果我们严格区别开权威与权力，将权力的影响排除于权威之外，那么服从便只能是自愿的。

我们在第二章的论述中曾提出，在现实意义上，权威是权力与威望的统一，仅依赖于权力，就不可能建立起权威来。压迫、强制性等，可以使人服从，却难以让人信服，更不用说自愿，当然也就说不上具有威望了。有权力而无威望自然不能成其为权威，但权威也并不是权力与威望的简单相加，而是一种有机的统一。这种统一表现为权力的运作只有在符合了事物的发展规律时，才能真正获得威望，从而得到人们的信服。当权威不以权力为实现的形式时，它的实现便完全建立在人们的认可之上，这种认可既有对其认识事物、评判事物的能力的认可，也包括对社会一般评判标准的认可。通常在无权力作用的领域，如学术权威，科学权威等，权威的实现依赖于对事物规律的把握，因而，自愿服从便比较明显。而在权力特征比较明显的领域，如政治领域，经济领域等，权威的实现就往往与权力的作用不易区别，事实上也常常混淆，因而，自愿服从就经常会产生疑义。但是，从根本上说，若是没有自愿地服从，权威便难以建立起来。可以说，自愿服从是权威的一个基本前提。

（二）前提之二：闭合系统

任何事物都有自己的界限范围，任何现象都有自己的领域，任何社会关系都有自己的特定系统。权威是一种社会现象，又是一种特殊的社会关系，它同样具有一定的范围和系统。每一种权威现象都有具体的系统，都有一定的影响范围，超出这一范围，就不再具有权威的影响力。对于权威主体来说，其意志的施加便缺少了一个对象，同时，他也就成为一个普普通通的人了，不再具有任何权威性。而对于权威受体来说，他已无需考虑服从与否，那一权威对他来说已是无关紧要的了。因而，权威只存在于自己影响力所及的范围，从这个意义上说，权威是一个闭合系统。

按照现代系统科学的观点，客观世界存在的系统可分为两类：一是非自组织系统，即该系统没有抗御环境作用的自我维持、自我调节、自我组织的能力；另一是自组织系统，即该系统可以在环境作用之下维持自身的组织性、秩序性、有机性，并将其维持在一定的水平之上。社会系统是一个自组织系统，由于社会系统在与环境的关系中进行着物质、能量和信息的交换，因而它又是一个开放的系统。当这种物质、能量和信息的外部输入达到一定阈值时，即外部环境作用逐渐增大时，社会系统便会远离平衡状态，并出现系统结构的变革。社会系统在结构上的这种特征在普利高津看来，即是耗散结构，它是一种可以在外部环境的作用下不断进化的系统，因而也是一个开放的系统。① 社会是一个开放的系统，其内部各要素的相互作用因在与外部环境进行物质、能量和信息交换中而发生变化，从而使其内部各子系统和要素也发生一系列的变化。这些变化常常是社会内部各要素自己所不易控制和把握的，因而社会系统的自组织性又常受到挑战，尤其是社会系统的建立和发展还要受到人为的原因的影响，造成在特定状态下的非开放系统。而当一个具体的社会系统同其他社会系统没有任何来往，尽管它同外部自然环境进行着交换，也仍然被看作对其他社会系统关系上的一种封闭系统。

权威是一种社会现象，它以其影响力所及范围而构成自己的系统。在这个系统之内，它不允许有其他的权威介入，一旦有其他权威介入，则维持对原有权威的服从便不可能，原有的权威系统将会分解。因为，权威的形成即是以意志施加者的影响力和辐射力而达到的，其他权威的介入，即其他的意志开始影响到原有的意志服从者，那么原有权威便不再具有其存在范围了。从这个意义上说，权威是一个封闭系统，在它存在的范围内，意志的施加者和意志的服从者之间的关系处于一种相对静态平衡状态。当然，这种静态平衡并不是绝对的，即它总是以其整体形态而与周围社会进行着一种交换，如权威的主体之所以能施加自己的意志，即在于他对所处的环境（社会和自然）具有一种比意志服从者更为全面、深刻的认识，而权威的受体之所以服从主体的意志，也在于他对于主体对环境认识的认同。两者都是因与外部环境的关

---

① 参见吴元《社会系统论》第一章第二节，上海人民出版社 1993 年版。

系而产生的一种交换。但是，这种交换还不是全面的，它只能维持在权威主体和受体关系的平衡基础之上，交换只能是外部的，即在对外部的共同需求之上。一旦当这种交换达到对权威意志的威胁时，权威统一人们意志、价值标准以及行为模式的功能就会受到侵害，权威系统的继续存在便成了问题。我们说社会系统是一个开放的系统，而作为社会现象的权威，其系统又是一个封闭系统，两者之间是否不统一呢？其实并不矛盾，因为社会系统本身是一个开放系统，也是一个自组织系统，在社会运行过程中，它一方面能够扬弃环境的作用，维持自身的组织性、秩序性、有机性，另一方面在外部环境作用增大到一定阈值时，系统就会发生结构的变化。这是一个辩证的关系，是对立的统一。社会是一个大系统，社会内部又存在着众多的子系统，它们与社会大系统一样，也都存在着这种辩证的关系，从根本上说是矛盾的统一，既不可能有绝对的静态平衡，也不可能没有相对的静态平衡，规律既是普遍的，也必然适用于大系统和子系统。权威也是一个系统，从一个角度看，它有着自己的影响力所及范围，并致力于保持其有序性，超出这个范围，权威便不复存在，因而它具有一定的封闭性特征（排斥与外部环境进行全方位的交换）。然而从另一角度看，权威毕竟又是存在于社会大系统之中，各种社会因素对它必然产生不可抗拒的影响，这种影响一方面可能会被权威主体扬弃，从而进一步强化自己意志的征服力，巩固其权威系，另一方面也可能因此而瓦解权威主体意志的影响力，从而使该权威系走向解体。事实上，任何一个权威都不可避免地具有这种趋势，不可能永恒存在。

因而权威为巩固自己的系统，又必须在一定程度上开放，以汲取外部养分，调适自己对于系统的控制。这种封闭与开放的辩证统一，正说明了权威的闭合系统特征。

权威的现实运作为此提供了大量的例证。每一个权威系的形成和消失，都有着多种多样的原因，但其结果都是体现在权威系统的解体之上，而权威系统的解体实际上是权威的影响力逐步缩小以至于无，或者是权威的受体脱离该权威系统，从而权威自行消解。如一所学校的规章具有对全校师生的权威性，但当离开该校时，其权威就不能顾及。教育权威只有在关于教育的一系列问题上才能被称其为权威，超出这一范围，就不可能再成其为权威。一个社会团体，其权威辐射的范围往往是与其权力所及范围相近似，尤其是涉及其专有权力之时，如对国家的各种经济数据而言，国家统计局提供的数据便更具有权威性。而非社会团体和组织的权威系，如某一学术领域，某一社会生活方式等，其权威的影响力所及便与权威主体对特定社会生活和特定事物的客观规律性认识程度相联系，还与权威受体的价值评价标准和能力相联系，在这种权威系统中，权力的因素已不具有。从以上可见，不管是否与社会组织相切近，权威的影响力都只能限于其特定范围，因而都是一个闭合系统。正如著名法国社会学家莫里斯·迪韦尔热所说："每个有权威的人都有一个明确的权力范围，超出这个范围，他就是一个平常的人，别人不再服从他。"①

---

① 〔法〕莫里斯·迪韦尔热：《政治社会学》，华夏出版社 1987 年版，第 123 页。

权威的形成和存在必须具有自身的系统，而且是一个不容他种影响力侵入的系统，这种闭合系统构成了权威的前提，任何权威系统概莫能外。

（三）基础之一：客观基础

自愿服从和闭合系统是权威之存在的必要前提条件，没有服从的自愿性，权威便会为权力所代替，没有系统的闭合性，权威也难以建立起来。但是，这些还只是就权威之存在的形式、或者结构而言。权威作为一种特殊的社会关系，它的产生和存在具有客观的原因，即产生于人们组织起来联合活动的客观需要，它是社会生活不可缺少的条件。人们的这种客观需要，既有其一定的经济的原因，也有其一定的政治关系和文化传统。理解权威产生和存在的根据从客观上讲，必须充分认识政治、经济和文化的作用。

首先，权威产生与存在的经济原因。权威是一种特殊的社会关系，属于社会结构中的上层建筑领域。即使是经济领域的权威现象，从根本意义上说，也还是上层建筑的范畴，因为权威是意志的施加与服从的关系，是以一定的价值体系来规范其成员、统一其行为的意志实现形式，因而，它是受一定的经济基础所决定的。

从客观的社会发展角度来看，每一不同的社会形态中所形成的阶级的权威，以及阶级意志的体现者——国家的权威，这种权威的实现形式等，都是与特定的社会经济基础密切相连的。从微观的社会运行结构角度看，每一具体的权威的权威现象，其性质、功能、特征都与它所存在的社会的性质相联系，都具有一定的经济原因。原始社会的权威主要体现为氏族酋长的权威，由于当时的社会生产力极不发达，人们集体生产和共同生活，社会的经济基础便表现为原始公有的形式，氏族酋长的权威主要是依靠传统习惯来维持的，从实质上讲，是一种对自然的敬畏。进入阶级社会以后，私有制发展起来，不论是奴隶制，还是封建制，或者资本主义制度，其社会的权威都同这种私有性质紧密结合。奴隶主采用"棍棒与枷锁的纪律"来维护其权威，就在于当时的生产已获得一定程度的发展，传统的以血缘为纽带，以传统习惯为形式的社会结构已被打破，但生产力的发展又不足以使人们的认识达到对自然、社会的全面而深刻的程度，因而其权威在很大程度上是依赖于国家政权的力量实施的。封建社会的权威从根本上说是与封建地主所有制联系在一起的，社会生产力的进一步发展，使得封建主义所有制不可能再采用奴隶主所有制的形式，其对于农民进行劳动生产的权威，首先在于它利用土地而使农民被迫依附于它。而资本主义社会里，统治阶级的权威也是由其对于生产资料的占有所获得的，资本家对于工人的权威，首先就是采用了"饥饿的纪律"这一经济法制。大机器生产本身具有一定的权威要求，而资本家的权威则是在于他掌握了生产资料，从而才借助于大机器生产的法则建立起自己的权威。由此可见，权威的现实体现，其基础是与其所处社会的经济基础不可分割的。

其次，权威产生与存在的政治原因。当然，一种社会现象的存在往往是由多种因素造成的，尽管经济的因素是最根本的，但政治等非经济因素也是决不可略而不计的，尤其是权威这一与社会政治生活联系密切的现象。权威的产生和存在受到了社会政治关系的深刻影响。我们前面曾经提出，由于权威是人们组织起来进行联合活动的需要，因而它是社会生活不可缺少的条件，这里同时也说明了权威对于维护社会秩序的意义。组织社会活动，维护社会秩序，也就是实现权威体现者的意志。

在现实社会生活中，社会秩序的维护以及社会活动的组织，在很大程度上还是通过一定的社会团体和组织实现的，在最大范围内又是与国家政权的参与分不开的。所以，权威的产生和存在在一定意义上，就是直接体现着社会的政治关系。同时，权威现象又存在于社会生活的各个领域和方面。一方面社会的政治领域、经济领域、文化教育领域等都存在着权威的现象；另一方面，不同的社会团体和组织，大到一个国家，小到一个班组也都体现着一定程度的权威的作用；再就是社会生活的丰富化，使得人们在对不同的事物、现象的参与、评判中，也因其周围的社会政治环境和自身的政治态度而有所不同。没有政治因素的影响和作用的权威是不现实的，即使是像一些学科的学术权威，也不能断言其权威的绝对非政治性影响。首先作为权威体现者本身总是隶属于一定的社会组织，在阶级社会中，他总具有一定的阶级地位，其次他即便不参与政治组织，却总要对现实社会表明自己的看法和态度，最后他可能确立起自己的权威地位是因为在学术上的客观创见，然而，这一权威在其运用、实施过程中又必然要受到社会政治关系的影响。例如，爱因斯坦是现代物理学的奠基人，也是科学界的权威，然而，一方面他的权威的确立首先是通过一系列的社会组织的推荐、认可以及承认而达到的，这中间既有众多的政治组织，也有许多社会组织的社会政治性活动，另一方面他的权威确立过程中及之后，他都时时刻刻关注着社会的发展和命运，他既反对纳粹主义，也反对利用科学于非和平目的，尤其是晚年，他更是把自己的科学研究同社会的进步紧密联系在一起，正是因此，他才赢得了广泛的尊敬。当然，我们也不能把权威产生和存在的政治因素的作用任意夸大，这是需要具体分析的，我们在这里所要强调的是必须重视政治关系在权威产生、实施中的作用。

再次，权威产生与存在的文化原因。在讨论权威的存在基础时，也不能忽视文化传统的作用。任何一种权威的确立，都是与权威所处的文化传统和背景相联系的，甚至有些权威本身即是传统的力量。

传统是一种不论人们是否承认都切实存在的东西，没有传统，我们便难以理解社会的发展和进步，而传统"就其最明显、最基本的意义来看，它的涵义仅只是世代相传的东西，即任何从过去延传至今或相传至今的东西。……它是人类行为、思想和想象的产物，并且被代代相传"。[①] 从某种意义上讲，传统也是一种文化，它不仅在权威的确立中施加影响，而且传统本身就是一种权威。德国社会学家马克斯·韦伯认为权威有三种类型：传统权威、法理权威、超凡魅力权威。作为一种文化的传统，它对于社会生活的影响往往是潜移默化

---

① ［美］E. 希尔斯：《论传统》，上海人民出版社 1991 年版，第 15 页。

的，它渗透于社会生活的各个领域和层次。这种渗透和影响很重要的一点就是，由传统和文化所构成的人们对于事物的价值评价体系，作为权威的体现者，即权威主体，它以何种价值体系来表现自己意志，而作为权威的服从者，即权威受体，它以何种价值体系来依附某一权威，或者它依附于具有何种价值体系的权威。传统和价值本身是一种文化，在社会生活中，它们构成了人们活动的生存背景，任何人都无法避免文化对于自己的影响和作用。权威的产生和存在受到文化及传统的影响，这一影响，既体现在它以一种背景的方式存在，在这种情况下，权威的主体和受体都要从中汲取养分，共同实现权威，也体现为它本身就是一种权威，或是权威存在的一个内在要素，正由于它，使得权威更具有辐射力和影响力。

不管是经济的因素，还是政治和文化的因素，它们都对于权威的存在具有不可缺少的影响和作用，这些因素从外部环境上给权威提供了产生和存在的客观基础，然而，权威的基础，或说权威之能够存在，还有着其内在的根据和原因，这也是需要加以分析的。

（四）基础之二：主观条件

事物总是对立的统一，权威这种现象由于体现为意志的施加者和意志的服从者的统一，因而，我们分析它的主观条件时，便需要从两个方面进行。

具有权威，或拥有权威者，他之所以拥有，从内在方面看，乃是他具有比他人更好的判断能力、理解能力和阐述能力。不管是什么权威，它要求别人的服从，是因为他自认为自己对于事物的判断、理解要深刻地多、全面地多，当然也更加准确。而权威的服从者之所以认同某一权威，乃是他认识到对于那一特定事物的判断、理解，权威拥有者符合了自己的价值标准和社会目的。

一个人、一个团体、一个国家，它之所以拥有权威，之所以其意志为他人、为成员、为国民所服从、拥护，可能会有权力等强制性的社会因素所致，但若从权威的角度，从其内在的意志感召力方面来看，则必须具有另外的因素或素质，即主观的原因。国家的权威往往是由权力来体现的，因而不易说明权威所蕴含的内在根据，即权威主体自身的条件。而个人的权威尽管可能会有权力的支撑，但拥有了权力的人，则并不能保证他就具有权威，人们可能因一定的原因而服从于他的意志，但他在这些服从者心目中，未必具有威望，未必就是一种信服。所以，真正的具有权威，必须是在拥有权威者的内在素质的更加完备上。这种完备表现为如下几点：

首先是对于事物的了解更加全面和深刻。任何权威都是指对于某事物、某现象采取何种态度，而这种态度获得了一些人的认可，从而在权威者意志之下，统一行为方式。对事物所采取的态度，必须是建立在对事物的认识之上，只有更加全面地了解事物，才可能从中把握其普遍性，进而认识到其规律性。

其次是对于事物所具有的良好的判断能力。认识事物，乃是了解其本质所在，并顺应事物发展的规律，推动事物的前进。在对事物具有了比较充分地了解之后，事物的本质是什么？从大量的关于事物的知识中，排除哪些非本质的知识，把握哪些本质性的内容，便需要具有良好的判断能力。

再次是具有对于事物现象的理解能力。事物总是以现象展现出来的，如何从事物的现象中去分析其内在的本质，是一种理解能力，尤其是在复杂的事物现象中，懂得事物所发出的信息，把握住变动中的事物的质的稳定性特征，这是认识事物规律的必要能力。

最后是对于事物认识之后的阐述能力。一种意志产生于对于事物的正确认识之后，但这一意志能否为他人所认可并接受，还需要这一意志的持有者把其认识转达于其他人，这就需要一种阐述能力，使他人能充分准确地理解你的认识，这样他人才能作出判断，是否认同你并听从你的意志的指挥。

如果权威的拥有者不具备这几方面的能力，那么他的意志就可能不符合事物的客观规律性，就难以为他人所认同，其意志若不能施加，其权威也就消失。或者，如果权威的拥有者的能力并不比其他人更强，那么他也就失去了别人对他的信服，权威也同样不复存在。所以，权威系中，作为权威的主体拥有比其他人对于事物更全面的了解、更准确地判断、更深刻地理解和更透彻地阐述等能力，是最基本的条件。

但是，权威的实现还有另一方面，即权威的受体，权威意志的服从者。人们之所以服从某一权威，不仅在于权威的体现者具有良好的判断、理解和阐述能力，还在于权威的服从者对于其价值体系的认同，这种认同从根本上说，乃是因为权威体现者的意志符合了权威服从者的价值标准和社会目的。一个人可能一出生便存在于某一权威系内，因为他还不具有判断能力和行为能力，权威对于他来说还是个无。社会生活中的权威系生生灭灭、兴兴亡亡，每一权威系建立起来，不仅是权威体现者提出了什么样的思想、观点，产生了什么样的意志，而且是权威服从者以其自身的价值标准来评价这一观点、思想，从而决定是否服从其意志。每一个社会人总是在其一生中，不断地从某一权威系进入另一权威系，或是因不同的社会生活内容而存在于不同的权威系统中，因而某一权威能否辐射到他，便需要看他们在价值标准上是否一致。如果价值体系原即不一致，则很难认同，并远离该权威系。如果价值体系具有一致性，则就会认同，并加入该权威系。例如对于马克思主义理论来说，它无疑具有权威性，这种权威性一方面表现为它对于客观世界的真理性认识上，另一方面又表现为它对于人类社会发展规律的正确认识上，这一认识又成为指导无产阶级解放自身并进而成为解放全人类的思想武器。无产阶级由于其价值体系代表了自身的利益，从而认同它，并服从于它的权威，而资产阶级则由于其在价值体系上的截然相反，因而并不加入这一权威系，当然也不会认同这一思想，服从这一权威。当然，如果从整个人类社会发展的最终目标来说，由于马克思主义顺应了历史发展的趋势，因而最终不管你是否愿意，都必然要承认其对于社会发展规律认识的权威性。

从权威服从者的角度来看，其具有的一定的价值体系对于它服从于何种权威是一个十分重要的条件，没有这一点，权威的建立往往是不现实的。当然还有另外一种可能，这就是排除权威服从者的意愿，采用强制性手段形成一种辐射范围。这种状况往往是与权威所有者的社会地位有关，即他，或者是某一团体的长官，或者是某一领域的即有核心，而权威服从者由于不可选择的原因进入这一团体或领域，于是他便被要求认同该团体或领域的即有权威。但这仅是某一权威系中的个别现象，而且即使如此，也还存在着是否真正地自愿服从的问题，承认权力未必是认同权威，这两者还是有界限的。因而，真正的权威关系，即意志的服从者自愿地服从意志的施加者的意志，必然是同权威服从者的价值标准及其所追求的社会目的相联系的。

权威体现者和服从者的主观素质，构成了权威产生与存在的基本条件，没有这些条件，权威既建立不起来，也存在不下去。所以，必须给以充分地注意。权威研究需要全面把握研究对象的各个方面，才可能给其对象以正确地解释。

五　权威的类型

事物总是多样的，从不同的侧面和层次可以看到事物的不同质的表现，并且随着事物的发展，其总体特征与各个侧面、层次、部分也会发生相应的变化。权威是一种社会现象，它既存在于人类社会的发展历程的始终，又表现于社会生活的不同领域，因而我们的研究是致力于把握权威的一般特征和本质。但我们在现实社会生活中所遇到的则是一个一个具体的权威现象，只有在对这些具体权威现象的分析研究中，才可能认识到权威的本质。

对权威进行分类研究，是全面理解、认识权威的必要环节。但事物现象是客观的，而人们的认识则会有所不同，作为客观存在的权威现象，可以因为认识方法的不同而有所区别，因为方法的选择常常反映了研究者的目的所在。权威的分类在已有的权威研究中曾有不同，从目前所能见到的大致有这么几种。

一是依据权威的影响范围来划分，包括表现权威的社会生活领域。大致有政治的权威、经济的权威、军事的权威、科学的权威、理论的权威、道德的权威、宗教的权威等。这种划分的长处在于给我们一个比较清楚明晰的印象，因为社会生活是以不同的领域直接显露在人们面前的，人们也是以不同的角色参与到不同的社会领域之中，对于自己所在的领域之中的权威有着比较直接的感受。而且，由于人们在社会生活中并不是单一的，他会同时呈现出不同的角色，从而生活于不同的领域，进入不同的权威系。这一划分权威的方法也有其不足的一面，即从中还不能把握到不同的权威类型之间的本质性联系与特征。正如我们上面所说，研究权威的分类其目的在于从这种分类中更深刻、全面地理解权威现象的本质表现和发展趋势，及权威的影响范围所形成的表现权威的社会生活领域，使得人们可以直接感受到权威的影响和作用。它是我们认识权威的一个不可缺少的方面。

目前还存在着另一分类法，是依据权威的体现者的不同而划分为个人的权威、组织（集体）的权威、著作的权威、言论的权威、阶级（政党）的权威、革命的权威等。这一划分与上面一种的不同在于，前者主要是从权威所在的领域来划分的，因而主要是从外在的方面入手的，而后者则主要是从自身，即从内在的方面入手的，是权威主体的形式。这种侧重于从权威的体现者出发的划分，有助于对权威进行个体的研究，它不似前者更多地依赖于外部环境的影响。这里尽管也不能完全脱离权威所存在的条件与环境，但却有利于全面地研究权威个体特征。每一权威作为一个独立的社会系统，尽管各不相同，但必然都具有权威的一切应有内涵，当我们从不同的权威体现者出发来认识权威时，对于这一权威系的独特表现方式将会有更加深刻的了解。不过，应该认识到这一划分法并不能代替其他的划分方法，它甚至也不是纯粹的，即这一划分的结果（不同的权威系）与前一种划分的结果（不同领域的权威）是一种交叉的关系，如所谓组织的权威，既包括存在于各种政治组织和团体中的权威，也包括存在于经济组织和团体中的权威，当然还包括存在于文化团体、宗教团体、军事团体等中的权威。即在不同的社会生活领域中都存在有组织和团体，存在着它们的权威，当然也还存在着诸如个人的权威、言论的权威等，或者可以说，不同领域的权威也就是通过包括不同的权威体现者来实现的。

西方关于权威分类最为流行的是德国著名社会学家马克斯·韦伯的划分法，他在《经济与社会》一书中曾提出，任何一个社会都要有一定的秩序来维护它的存在，这种秩序不是自发的，而是以一种命令—服从的关系来建立的，即通过某种统治权力的作用建立的。他认为，强制力虽然可能维持统治，但仅依赖于它是不能持久地稳定统治的，只有"合法性"的统治才可能稳定持久。在韦伯看来，合法性有三个来源：传统、领导人物的感召力和合法理性，任何对权威的思考都必须以此为出发点。为说明合法性，韦伯又规定了三个基础，即：传统基础——基于古老传统中已建立起来的信念，和这些信念支配下存在的那些权威的合法性，即相信传统和习惯是神圣的、不可侵犯的；领导人物感召力基础——基于对超凡神圣性、英雄主义，或个别人物的示范特性，和由他所展示或倡导的规范行为模式的忠诚，即相信在某些人身上具有超自然的、超人的特质，并愿为这些人或这些人制定的规范模式献身；理性基础——基于相信所制定法则的合法性，基于相信为了保证这些法则的统率权，在这些法则以内把它提升为权威的正确性，即相信法律原则具有价值的合理性，是公正的。在此基础上，韦伯提出社会统治的三种类型：传统型、超凡魅力型、法理型。与此相联系，权威被分为传统权威、感召力权威和合法权威。韦伯进一步认为，这三类权威符合了传统政治制度的三种主要形态，即传统权威存在于所谓旧制度的封建制和君主制之中，超凡魅力权威存在于依靠对领袖个人迷信的独裁国家中，如法西斯，法理性权威存在于美法革命发生后在西方建立起来的民主自由国家的权威，也包括共产党国家。韦伯的分类法有一定的合理性，他是从权威的内在特质上区分，从而对于全面认识权威，把握权威的一般特性提供了一个可借鉴的范例。然而，韦伯的划分从根本上说又是错误的，他通过这种划分试图强调，只有资本主义的民主自由国家才是真正合乎理性的，合法的。而且，韦伯关于权威的三种类型，主要是从社会控制，尤其是社会政治控制出发，因而权威和权力在他那儿常常是分不开的。他把社会的发展视为从传统向合理型方向发展，这样一种社会表现在经济中是管理日趋完善，而表现在政治方面则是决策日益集中，管理机构的步调愈趋协调一致，具体体现便是官僚制。①

　　关于权威类型的划分，应该还有许多，以上所介绍的仅是常见的几种。很显然，任何一种划分法都有其一定的合理

---

① 参见［苏］N. N. 安东诺维奇《资产阶级社会学理论批判》上册，湖北人民出版社 1987 年版，第 44—55 页。蔡禾《现代社会学理论述评》，安徽人民出版社 1992 年版，第 44—57 页。

性，也有其一定的局限性，或者说只是从一个特定的角度出发的。为了从哲学的意义上认识权威现象，我们以为依据权威实现的方式来划分，将有利于体现权威的社会关系及其发展，这就是：自在性权威、他律性权威和自觉性权威。

（一）自在性权威

自在性权威乃是指一种尚未自觉意识到的权威现象。权威是一种客观现象，伴随着人类社会的产生就出现了，但是这种现象是否被人们所认识到，以及身处于各种不同权威系的人是否意识到该权威的影响和作用，尤其是否有意识地去参与该权威的实现等，则是一个历史的发展过程方能解答的问题。自在性权威的基本特征是：人们对某事物、某人物的服从并未经过理性思考；权威实现缺少明确的意志施加者；权威系统内意志共同性明显，没有明确的对立面。

既然自在性权威是尚未被自觉意识到的客观现象，人们对它当然也就缺乏理性的思考。理性是一种自觉自主的思维认识活动，它是人类认识的高级阶段，是在感性认识的基础上，对感觉材料进行思考、分析，形成概念、判断和推理。这样一种认识活动必须是在认识主体的自觉基础上才能达到。权威是一种客观存在的社会现象，作为人类社会秩序的维护手段，它并不依人们是否意识到而决定存在与否。尽管我们肯定权威是意识的施加者与服从者的统一，但在人类社会历史发展过程中，人类对自身的了解，对外在世界的了解，对人与人的关系的了解，总是从不知到知，从少知到多知的发展过程，因而对权威的意识不可能一开始就是完备的、处于高级阶段的。遵循人类认识规律，每一具体认识最初总是从感性认识开始，然后再上升到理性认识，这一规律同时也适用于人类认识自身的发展。人类最初的认识活动也只能是通过感官而获得感性材料，只是对事物的感性认识，随着认识的发展，人类的思维能力才得以提高，从而具备了进行理性思维的能力。应该说，人类认识历程中，存在过这样一个阶段，在这个阶段中，人类对许多客观存在的事物和现象不仅没有去认识，而且也未意识到它的存在。如果说，权威（确实是一种意志的施加与服从的关系）客观地存在着，它影响着人类的生活，对于当时的社会秩序起着维系的作用，而人们又没有把它当作认识的对象，甚至在该权威系内也没有作为意识的对象，那么，这样一种权威就是自在性的权威。需要指出的是，这种自在性权威不仅在人类认识的最初阶段是这样，而且在每一具体权威系产生之初也往往会是如此。

在自在性权威的特征中，权威的实现过程中缺少明确的意志施加者，也是值得重视和分析的。我们前面指出，自在性权威是没有经过充分地理性思考的，是尚未被自觉意识到的。这里所指并非是将权威作为一个研究对象，而是指在权威系内意志的施加者和服从者双方，各自都未意识到是作为权威实现的必需组成部分，因而，自在性权威便缺少了明确的意志施加者。这种权威的存在，不是指权威在经过长时期发展人们已认识到它的存在，并有意识地参与其运作，而是权威的体现者本身没有明确的意志施加的欲望和意识，权威的服从者也没有意识到对于他人的意志的服从，其权威系之所以在正常运作，乃是服从者与施加者都把这一关系视为一种习惯，作为一种十分寻常的现象。在人类社会早期，尤其是在原始社会阶段，这种现象的存在是普遍的，氏族酋长、部落首领具有一定的权威，他们对于原始部落的秩序和生产等活动起到一定的组织职能，但这种职能并不是经过权力达到的，而是一种威望，这种威望并不完全等同于今天所理解的威望。首先，首领这一角色并不是固定的，其威望也主要来源于传统习惯。因而，在那样的权威系里，权威主体的意志是不明确的，或者说是缺少明确的意志施加者。如前面所说，原始社会的权威，其服从者不可能对自身的服从行为作过理性的思考，他之不会去思考是否需要服从，为什么服从等，原因正在于这一切——服从是受到传统习惯及氏族集团生存的本能需要决定的。

自在性权威的再一个特征，即其权威系统内意志共同性比较明显，没有明确的对立面。我们在论述权威的特征和功能时，首先强调指出权威的第一个功能就是使该权威系统内成员形成共同的意志，还提出这种"共同的意志"是内含着差别的意志，权威的功能就是为这些有差别的意志提供一个协调的基调，而不是消灭其内部成员间的差别性。然而，在自在性权威系统中，其成员间及权威体现者与服从者之间的意志，表现出比较明显的无差别性，这种无差别性不是指没有任何差别，而是说在权威的有效影响力中，差别是不显著的，对于权威意志而言，没有明显的对立面。如果寻究其原因，自然也可以在其发展过程的初期中得到解释，最突出的表现仍是在原始社会。在那里，氏族组织的秩序性本身即表现了一种权威，其成员之间在生产劳动和生活中的意志共同性非常明确，并不需要权力的支使，甚至也不需要权威体现者的意志的强制性制约，更多的、更普遍的是全体成员的行为的一致性。几乎可以说，在原始社会的权威系内，所有成员都是意志的施加者和服从者，两者在很大程度上是合一的。

自在性权威从总体上看，多存在于原始社会时期。那时，一方面，人类的认识能力还处于较低水平，自我意识能力发展尚是初期；另一方面，社会生产力还相当低下，为生存的本能所限，社会成员的差别性（从物到思）还未发展起来。而在原始社会之后，自在性权威的存在已大为减少，即使尚有存在，也多是出于对于一种思想和理论的认同，这种思想和理论常常是经过了许多人的共同实践而创造出来的，人们的信服、遵从往往不具有明显的权威意识，而且其权威的主体也是不明确的。但是随着人类社会的发展，人们的认识能力迅速提高，人类的自我调控手段不断完善，这种自在性的权威便逐渐地被新的权威形式所代替。

（二）他律性权威

他律性权威是指人们对某一权威的服从与其自身的利害相关，尽管不是强制性去服从，人们也不得不服从的一种权威实现形式。这一权威形式包含两种情形：一是该权威系内权力的影响比较明显，权威的实现常常伴随权力的作用，从而使得权威服从者尽管不是出于自愿也予以服从；二是由于该权威系的权威体现者掌握了一定的资源，而这些资源又是与人们自身的利害相关联的，但这些资源虽然是人们所需却又难以为所有人所拥有，在这种情况下，人们不得不被迫地去服从资源拥有者的意志。

他律性权威的特征包括两个方面：一是拥有一定的资源，二是拥有一定的权力。这两个特征决定了他律性权威主要存在于阶级社会。原始社会的解体，首要的原因是社会生产力获得发展，从而可以创造出更多的产品（既包括生活资料也包括生产资料）。私人占有制的出现，改变了原始社会的原有秩序，以传统习惯等来维系社会的运行已经不行了，社会向着私有制转变，这时拥有财产的人们在社会生活中的地位得到认可和加强，权威的实现方式和手段都需要与社会的这种结构相适应。此时，最明显的转变是，权威的实现在一定程度上是与社会组织的力量联系在一起的。如国家、军队、政府、政党，等等。人们服从权威在很大程度上，是因为这样做，可以给自己带来一定益处，获得一定的利益，而不服从则可能带来一定的损害，甚至会导致生存的危机。之所以会出现这种可能，乃是因为这个时候的社会具有极大的容纳性，任何一个社会成员都必须被组织到国家或社会团体之中，社会和国家、政府之间的空隙，或活动余地几乎没有，于是国家政府的影响力便及于各个角落。社会的任何成员首先需服从国家的权威，否则，他就难以立足，就是在同国家相对抗。

在阶级社会中，"国家是维护一个阶级对另一个阶级的统治的机器"。① 国家的权威就是统治阶级意志的体现，国民们对于国家权威的服从是被迫的、无奈的。所谓被迫是由于国家政权的威慑，所谓无奈是由于人们生存的资源的被剥夺，

---

① 《列宁选集》第4卷，人民出版社1995年版，第48页。

在这样的基础上建立起来的权威，往往是强制性的。从历史上看，这种形势的权威系必然以周期性的产生——对抗——解体的循环表现出来，封建社会不同朝代的历史变迁便是明证。统治阶级的意志与被统治阶级的意志从一开始就是根本对立的，它不同于原始社会的氏族酋长与氏族成员之间的关系，在原始社会两者之间的利害是一致的，而在阶级社会里，统治者与被统治者之间的利益是决然对立的，统治阶级的权威的建立除了以上所说的两点之外，在其统治地位经受了一次次地冲击之后，也开始变换手法来维护自己的统治，即运用宗教的力量。在剥削阶级社会里，一种宗教若能够存在，并赢得一定范围的群众，都与统治阶级的提倡、认可分不开。而其之所以能得到认可和提倡，自然与这一宗教反映了统治阶级的意志有关。实际上，不管是奴隶社会的棍棒，还是封建社会的神权，或者是资本主义社会的饥饿纪律，它们的权威的建立及维护，都与其权威影响力所及范围的成员的自愿服从不一致，都是通过对人的切身利益的影响来形成的。

他律性权威的一个最基本特点，是其权威的建立依赖于外在的、社会的力量，这样一来权威的另一功能——使权威系内成员形成统一的价值标准，便难以实现。权威系内成员可以因其利害关系而服从权威体现者的意志，但让其也信服其价值体系则是比较困难的，因为两者的利益不同，在进入该权威系时的目的也不同。所以，这种权威并不是真正意义上的权威。他律性权威的实现通过社会的力量而达到，这一方面是指权威体现者拥有一定的社会资源，在人类社会尚处于为生存而劳作的阶段，对社会资源，尤其是生活和生产资源的占有，无疑使其拥有了远远超过资源本身所具有的影响力，而在现实生活中，权威就是通过一定程度的影响力达到的，这使得权威的实现必然带有了权威影响力之外的社会力量的参与。另一方面是指权威体现者拥有一定的权力，这种权力显然是社会所赋予的。社会赋予一些人以权力时，并不是，或主要不是从这些人是否有威望出发的，即不是从这些人是否具有在这一权力之位上的威望（他可能有一定的威望，但那是被赋予该权力之前位置上的威望。事实上，每一个人被赋予一定的权力时，他所具有的威望仅是在前一权力位置上所获得的，他是否具有新被赋予的权力位置相应的威望还是一个未知数。）出发的，而是权力利益的需要。在阶级社会阶段，人们都被纳入不同的阶级阵营，同时，随着社会结构的发展完善，每一社会成员也都被纳入不同的社会组织之中，试图超脱于社会之外，不与任何社会团体发生关系，几乎是不可能的。这种情况下，权威的实现是无法避免权力的影响和作用的，反之，权力的拥有者也会因其社会的赋予而会拥有一定的权威。

对于与社会组织直接有关的权威，我们会比较容易地接受其受一定社会力量影响的观点，而对于那些学术领域的权威，则会存有疑义。其实，即便是一些学术权威，如科学权威、教育权威等，他们的权威的确立，如果没有社会的承认，没有一定的社会组织的承认，这一权威大概是难以建立的。我们今天常以教授、院士等的授予，就表明社会对他的承认，如果没有这种承认，一个一般的教员很难被视为权威的，即便因其一定的成就而获得一定的声誉，如果社会（政府）始终不承认他，那么这种声誉要转而为权威，将是相当艰难的，最后只会逐渐被忘却。

正是因为在阶级社会里，社会力量的参与，使得权威的服从带有了一定的强制性和被迫性。虽然对权威的服从是不应具有强制性的，但是因权威拥有者对于社会资源的占有和对社会权力的掌握，从而使得权威系内支配者与服从者的关系发生了变化，服从者出于自身的利害关系而不得不去服从它。当然，在这种服从中，也存在着那种感觉到服从一定的权威，可以给自身带来政治的、经济的利益而自愿的服从的现象。这一状况①与他律性权威中的被迫性服从有一定的区别，但从都是因为利害关系（尽管后者是有益的）而表现出对某一权威的服从来说，两者又是一致的。不管是被迫的，还是自愿的服从，两者都意味着大多数人把自己的意志和愿望交给了一定的权威，以该权威拥有者的意志为自己的意志，即使许多服从者并不在价值体系上认可该权威。从权威的发展历史来看，他律性权威与自在性权威相比，是一种进步，即它已从对权威的自发、自在状态而进入思考权威，并对权威的实现和服从进行一定的判断和选择。这一权威存在状况，在今天的社会生活中，还是大量地存在着、维系着现实的社会秩序。因而，我们应该对这一权威形式给以高度的重视和深入研究，只有在适当的时候才能向更高一个层次的权威类型推进。

---

① 有人称其为自律性权威。见黄达强、孙国华《社会主义论：跨世纪的沉思》，中国人民大学出版社 1993 年版，第 404 页。

（三）自觉性权威

自觉性权威是权威发展的高级阶段，或者说是权威最终
应该实现的真正的自我本质。自觉性权威是指人们（权威系
内成员，包括权威主体和受体）不仅已经意识到权威的存在，
也不仅去有意识地实施或服从（不管它是自愿还是被迫），
而且是真正地意识到权威在维护社会秩序中的不可替代的作
用，并且权威系各成员达到意志和价值标准的一致，从而权
威受体自觉地服从权威主体的意志，认同权威主体的价值体
系。自觉性权威有两个非常重要鲜明的特征，一是权威主体
对事物客观必然性的认识，二是权威受体对于主体的意志的
理解和认同。

我们在前面曾经指出，权威的本质内涵就是对于客观必
然性的认同。这一认同包括两个方面，既包括权威主体对于
客观事物规律性的把握和阐释，也包括权威受体对于权威主
体的这一把握的理解和认同。事实上，真正的权威的确立是
离不开对于客观必然性有正确认识的。只有对于事物的认识
达到真理的层面，这一认识主体才可能具有一定的权威性，
而且也必须是在权威受体们理解了这一认识，并通过自身的
社会体验对权威主体的意志作出一定的选择而最终予以认同，
该权威系才能真正确立起来。在人类历史的发展过程中，权
威的存在和发展同事物发展的规律一样，也是一个不断成熟、
完善的过程。尽管权威现象早已存在，但作为一个完整的权
威系统，它必然包含着权威的体现者与服从者双方的意志的
自觉与协调。当权威系双方尚处于不自觉状态时，即权威主

体并未意识到其意志的影响力，而权威受体也未意识到服从的自愿性时，权威系统总是不完全的。在这种情况下，要么依然处于自发状态，要么就会危及社会秩序的稳定。

自觉性权威的实现对于权威的拥有者而言，必须是对事物的客观规律的正确认识。权威是一种意志的施加与服从的关系。一种意志能否被人服从，可以是通过暴力、通过权力的强制性来达到，也可以是通过真理的征服力而得到人们的信任和遵从。权威不同于权力，因而它必须排斥强制和暴力。这样一来，权威的实现对于权威的主体来说，他就必须是使自己的意志符合对客观事物规律性的认识。不论是政治领域、经济领域，还是教育、文化、思想等领域，只有正确的认识才能够指导人们的实践获得成功，才会使人们产生信服。例如在政治领域中，对于社会政治形势的正确分析和判断，从而制定出正确的政策付诸社会实践，最后赢得政治革命的胜利，或政治制度的完善，或社会政治的进步，等等。因而，自觉性权威要求权威主体对于事物的客观必然性有正确认识和阐释。

自觉性权威对于权威的服从者来说，要求他们不是为了某种利害关系去自觉自愿地服从某种人或某种势力，而是基于对于事物的客观必然性的追求去自觉自愿地服从某一权威。为了某种利害关系，我们可以去服从某人或某势力，但那种服从并不是权威的社会关系，而是表现为一种权力的控制与被控制的关系。对于宏观事物的规律的认识是人类的基本活动之一，而认识世界的目的是改造世界，权威是以对人类社会的活动秩序的维护为己任的，所谓维护即使自己的意志得到他人的信服。随着人类社会的发展，人们的认识水平不断提高，从而对于权威主体意志的合规律性要求也越来越高，于是服从不再是盲目的了，而是经过了理性的思考、价值的选择。而一旦一种意志得到人们的理解、认同，并愿意以其为自己行动的指导，权威也就产生了。

自觉性权威从根本意义上，是同人类社会进入自由王国相一致的。人类在自己的发展过程中，不断地追求自我解放，这一解放从最终意义上，便是摆脱自然的束缚，在对客观世界规律认识和把握的基础上，解放自己。"自由是对必然的认识和对客观世界的改造。"① 必然是事物发展的客观规律性，人们对客观世界的改造就是在必然和自由的不断相互转化中实现的。人类从必然中获得自由的程度是同社会生产力的发展水平，科学技术的进步以及人类思维的能力密切相联系的。人们自由的程度还受到社会关系、社会制度的制约。

自觉性权威也是一种自由，从它表明的权威系统内双方对于事物客观必然性的认识可见，它是对于权威现象的一种自由，在这种自由里，权威主体和受体之间已经达到一种充分协调一致的程度，或者说是除了两者在个人的经历、能力和知识的差别之外（这种差别任何时候都会存在），社会力量的影响和制约已不构成权威能否产生与存在的主要原因了。而这样一种状况，显然在阶级社会里是不会存在的，或是难以大量地、普遍地存在的，因为，阶级社会的基本特征，阶级统治的存在的根本原因，是社会生产力的发展还不足以满

---

① 《毛泽东著作选读》下册，人民出版社 1986 年版，第 833 页。

足人们的各方面需要，于是才有一部分人对于现有财富的占有，才有为保护这种占有而建立起来的剥削制度和政治国家，人们的行为不论是否愿意，都深受这些社会力量的制约。因而，权威的实现还不可能达到完全的自觉程度，但是，我们仍然要说，作为人类社会进程的一个必要因素，对权威的理解只能从哲学的意义上，即根本的意义上去进行，否则的话，就难以避免权威与权力的混淆，也就会为强制性，以至暴力手段实施权威提供根据。

对于权威的分类，我们采用了依据权威的内在本质的不断发展的线索，进行划分的方法，这是一种历史与逻辑统一的方法。权威在其历史沿革中呈现出多样性，从这一多样性中把握其内在的一致性，是权威理论研究的任务之一。权威理论是以权威现象为研究对象的学科，在其体系内各部分的研究和论述都应围绕权威的本质特征展开，这样才能够对权威现象得到一个既全面又正确的认识。研究权威的类型也是为了全面、正确的认识权威，所以划分类型的方法应该服从于这一目标。或者说从哲学意义上研究权威现象，这是一种不可忽略的方法。显然，我们在本节中对权威类型的分析是十分简略的，从不同的角度研究权威的表现形式将是我们要专章立论的，这里的分析尽管简略，但却是以后分析的一种指导思想。

六　权威·权力·权威主义

随着人类社会的发展，人们的思维能力也在提高，与此相应的是人们的思维想像力和扩张力也得到增强。历史经常会看到这种现象，一种新事物、新现象出现后，很快就推广开来，而同时也就存在着对它的泛化以及滥用状况。达尔文的进化论是关于生物物种的起源和演化的学说，它正确地揭示了生物界历史发展的一般规律，然而朗格把它引入社会领域，将马尔萨斯的人口理论与之糅合，认为社会也服从于生存竞争和自然选择的规律，提出社会达尔文主义，这就是对达尔文进化论的一种泛化引用和曲解滥用。权威概念也是这样，权威现象早已存在，人们开始研究权威现象也已延续数千年，但直到几十年前（二战之前），权威的含义基本上仍保持原有的意义，第一次世界大战之后，它开始扩展自己，被引入对社会政治结构的规范，成为一种政治制度的表述，这就是权威主义的生成。

如果从字面上来理解，权威是一个十分古老的拉丁名词，其原义具有扩张的含义，最初是指那些拥有权威的人加强、巩固和批准某种行动或思想。近代以来，特别是自马克斯·

韦伯给出一个标准的英语译名之后，权威便具有了支配和主宰的意义，韦伯认为权威是一种需要无条件立刻服从的权力，从此权威便常常根据权力来定义了。如拉斯维尔和卡普兰便宣称"权威是合乎规范的权力"。① 而权威主义是什么呢？乔·沙托利认为，这是一个贬义词，指的是滥施淫威，是践踏自由的压制性权威。② 实际上，权威主义从字面上理解，就是试图把权威的内涵泛衍为一种理论体系，一种具有社会政治倾向的思潮。

（一）权威与权力

在讨论权威的过程中，尤其是在考察权威的历史进程中，我们发现权力与权威是一对难以决然辨析的现象。在以往的研究中，资产阶级社会学家们常常将两者混为一同，或仅把权威视为权力的一种形式，我们在本章开头也曾对两者的关系提出意见。这里所要指出的是，权威不同于权力，尽管权威从政治学意义上是包括权力与威望的有机统一，但这种统一在权威历史发展中是属于阶级社会的特有症状，从权威类型上，只能是他律型（自律性）权威。自从进入阶级社会以后，权威的表现形式在很大程度上是以权力面貌出现的，或者说权力采用了权威的表现形式。社会支配、控制与服从的关系，因阶级的统治与被统治、剥削与被剥削、压迫与被压迫，从而实质上是一种权力的支配与服从关系。但从原始社

---

① 《权力与社会》，转引自［美］乔·沙托利《民主新论》，东方出版社1993年版，第190页。

② 同上书，第189页。

会解体而来的社会，传统习惯、血缘亲情以及等级等因素，又从不同的方面影响和作用于人们之间的社会关系，从而使得权力的支配与服从的关系包裹了一层权威的面纱。在那里体现出来的主要是一种权力形式的社会关系，从根本上说，是受社会经济规律的必然性所支配的。奴隶主对于奴隶，封建主对于农民以及资本家对于工人的权威，实际上是一种因占有生产资料等资源的权力支配。

权威与权力既有联系又是相互不同的概念和现象，权威概念所表达的现象是社会运行中的秩序维系机制，权力当然也是维护社会秩序的机制，但两者的手段及存在的时空都是不同的。从其联系来看，两者都表示着一种支配与服从的社会关系，没有支配就没有服从，反之亦然，同时，两者又在一定条件下是相互补充，相辅相成。

在阶级社会中，统治者的权力常常需要权威来补充，一味的高压暴政只会促使人民的不断反抗，因而要使社会保持稳定，或使其统治地位长期稳定，仅仅使用权力强制人民服从是不够的，还必然通过非强制性手段来获得人民的认同，哪怕仅是一相情愿。同样，在阶级社会中，权威的实现也离不开权力的辅助，由于阶级社会中的关系，从根本上都受到阶级关系的制约，而像权威这种特殊的社会关系，既然是以维持社会秩序为己任，自然回避不了阶级关系这一主导的社会关系。

从其区别来看，权威和权力首先是在对社会秩序维系、保障的手段上不一样，两者最大的区别就是权力需要无条件的立刻服从，否则就会使用强制性力量，实际上，它是以强制性为其手段的。而权威则从本质上是排斥强制性的，权威因其要求权威系内的成员服从而有其权力的含义，但又因其强调了人们的自愿服从而更需要权威主体的威望的提高，权威主体必须以其对该权威系所面对的世界（提出的问题）的正确认识赢得其成员的认同。

其次，权威与权力各以其不同的时空规定而存在。就时间规定来说，权威显然是早于权力存在的一种社会观念，我们在前面多次论及，权威是伴随人类的出现而产生的，并将伴随人类社会的发展而走向未来。权力是一种社会政治现象，它产生于原始社会后期，即社会组织化程度得到相当提高之时，它是社会成员中一部分掌握了对社会资源的支配力之时。另外，在人类社会的发展过程中，权威和权力的表现程度、影响力并不是同等水平的，原始社会的整个过程中，权威的影响力要大于权力。而在阶级社会中正好相反，人类在走向自由王国之时，两者间的作用大概又会颠倒，这从今日人们对于各个拥有权力者的主体威望的要求日益增强上可以为证。就空间规定来说，权威的空间适用范围似乎也大于权力，在许多权力无法顾及的领域，权威则是不可缺少的。例如在思想领域，依靠权力是很难让人真正信服的，依靠权力来维持思想的统治地位，往往就会走向意识形态的垄断和专制，最终窒息了思想的发展。某一思想的权威地位的确立，是靠其对于客观世界内在规律、客观必然性的揭示。再如科学领域，依靠权力可以组织起科研的团体和课题，但却不能够获得科学研究的思路和成就。有权力者未必就会有科研成就，两者是不统一的，科学权威的确立也不是权力所能够达到的。反之，在权力所及范围，权威是否也都存在呢？是否权威涵盖了权力呢？似乎也不能完全做肯定的结论。从历史发展的过程来看，权力与权威有一段时间是不分彼此的，权力代替了权威、权威受制于权力，如神圣权威、宗教权威、王权权威，等等，那时权威的独立存在领域几乎是零，但是这并不能证明权威与权力之间在空间规定性上的完全统一性，因为即便那时，在一些非权力所及的领域，尤其是社会基层的一些非社会组织性团体中，也还存在有权力未及的领域由权威来加以维系。

正是因为权威与权力既有联系又有区别，所以我们一方面在考虑权威的发展历史中，不能不注意权力对于权威的影响和替代，另一方面又决不能把权威与权力画等号，前者可帮助我们认识和了解权威的由来及发展规律与趋势，后者则可帮助我们避免偏离对权威本质的认识。总之，必须辩证地认识和把握权威。

（二）权威与权威主义

如果从所表述的意义上理解，则权威是一种社会现象，是维系社会秩序的一个必不可少的条件，是一种特殊的社会关系，表明着权威主体与受体，体现者与服从者之间的施加与服从的关系，对权威现象进行研究的学说可以称为权威论，如本书的书名。但权威不同于权威主义，权威主义首先是一种理论表述，即一种理论体系。因为"主义"一词是运用于对客观世界、社会生活以及学术问题等所持有的系统理论和主张的表述概念。权威被冠之以"主义"时，便表明它只是权威的一种理论体系，或是将权威的内涵运用于社会，从而形成一种关于社会政治制度的思潮。20 世纪 20 年代以后，权威主义是作为一种政治制度的思想而出现的。因此，它便缩小了权威概念原有的存在范围，或者说，从概念的外延上，它小于权威，它只能是权威的不同体现形式中的一种。当然，作为政治制度的权威主义事实上已经背离了权威的原义，更不用说权威所应具有的本质内涵了。

权威主义与权威并不是一回事，权威主义显然是从"权威"演化而来的，由于它加上"主义"两字，从而使得两者之间具有了很大的差别，使其意义产生天壤之别。权威与权威主义的区别主要包括以下几点：第一，权威表示的是一种客观的社会存在，不论人们是否认识到它的存在，它都实实在在地影响着人类社会生活；而权威主义则是由人们的一定的主观认识所创立的观点体系，一些人创立了它，另一些人则可能根本不承认它，而且当它还只是人们的一种观点而未转化为具体的政治制度时，它便不可能是一种客观的存在。第二，权威现象是人类社会必不可少的条件，它产生于人类社会形成之时，并将伴随着人类社会的发展而走向永远；而权威主义则是 20 世纪 20 年代之初才提出来的，在可以预见的未来，它必将会最终消失。第三，权威是保障社会秩序正常运转的必要机制，是维系社会各要素有机联系和相互协调的无形纽带，没有权威，社会秩序便会处于混乱状态，社会的一切规则都无法实现；而权威主义其主旨只是使社会秩序固定在某一种形式之上，它不是社会秩序运转的机制，而是这种机制的一种解释、定位，如果以权威主义为指导的社会政治制度得以建立，它事实上也还是需要权威来加以维系和提供保障的。

　　权威主义作为一种特殊的社会政治制度或作为一种具有鲜明政治倾向的理论思潮，曾经产生过一定的社会影响，那么它具有什么样的特征呢？对事物、现象特征的认识，是达到对事物、现象的本质认识的基本途径。权威主义的特征最主要的就是其极权性。权威主义的提出，本来是试图用它来代替法西斯主义，以使得那些独裁国家看起来不那么专制，因而，它的实质是特指的。今天再来看权威主义，如果把它同原来的特殊背景分离开来，那么，权威主义便会具有另一层含义，即试图将权威表现出来施加、支配、控制与服从的关系，扩展开来成为一种思维方式、理论体系。如果真的如此，倒也不失为给权威主义一个正名。然而问题是，已经被污染的东西再要恢复原色有多么困难，更何况权威主义本就不是被污染的，它一被创造出来时，就已天生地代表着专制和极权，因而本就没有名誉来恢复，至于作为一个词语的权威主义，只能由它了，否则的话，该有多少概念、名词需要重新区别呢？白铁还无辜铸佞臣呢。所以，权威主义还是只能从它产生时的原有意义上理解。不过，仔细加以分析，这两种解释仍是有其一定的联系，权威主义可以被理解为极权主义特征，正是它将权威的支配与服从的关系予以制度化，并推之为整个社会的一种政治制度。强制性是权威在其一定发展阶段上所具有的特征，但绝不能将它视为一种普遍和永恒的特征，试图将它普遍化并予以推展，是权威主义之能被解释的根据。

从另一个角度出发,权威主义又是同自由完全对立的。上一节曾经指出,权威发展的高级阶段——自觉性权威,实质上是权威达到了一种自由王国的境界。但是,至今为止,现实中权威仍然还是处于不完全自觉状态,这无疑又为权威主义的存在构筑了良好的基础和土壤。我们说,真正的自由是接受权威的,正如真正的权威承认自由一样,不承认权威的自由是专横的自由,是放纵而不是自由,而不承认自由的权威则是"权威主义"。当我们从自由的立场看权威主义时,就会清楚地看到它是对权威的否定。正像弗里德利克所说:"在极权主义社会里真正的权威已遭到了彻底的毁灭。"同样可以说,一个政体越是权威主义的,它对权威的依靠就越小。概言之,权威主义是一种几乎没有给自由留下余地的政治制度。[①]

历史上,无政府主义者和反权威主义者宣扬个人的绝对自由,反对一切权威。他们认为权威和自治是绝对对立的,自治就是绝对的自由,而权威就是绝对的、没有任何自由的专制。绝对权威论者则相反,他们把权威绝对化,超越时代和历史条件提倡对权威的盲目服从和偶像崇拜。事实上,权威主义是一种绝对权威论,它不仅把权威绝对化,而且把权威普遍化。而反权威主义者与权威主义者一样,都是试图把权威等同于专制集权、乃至独裁,这不仅在理论上是曲解了

---

① 《权力与社会》,转引自〔美〕乔·沙托利《民主新论》,东方出版社 1993年版,第 193—194 页。

权威的本意，而且在实践中更带来了一系列的危害。二战以后，随着民族国家独立自强运动的发展，在生产力相对落后的国家如何迅速走上富强之路的探索中，70 年代开始，出现了一种提倡集权治国、精英统治的政治思潮，这在我国便表现为 80 年代中期兴盛的新权威主义思潮。新权威主义在对权威的理解上仍然没有超出权威主义、反权威主义的界限。新权威主义一方面把权威与民主对立起来，另一方面把权威视同于集权、专制，它们完全排斥权威与自由、民主的一致性，简单地、肤浅地理解权威与集权、专制的关系，因而，从理论上它是很难有说服力的。

权威主义不仅同自由相对立，而且也是与民主相对立的。民主自提出就是作为一种社会制度而与专制、独裁相对立的。近代以来，资产阶级把它进一步从理论上和精神上提炼，从而成为人们的一种参与社会事务的权利和意志。建立起一个充分民主的社会，成为近现代以来的世界趋势。权威主义则认为，权威就是采用强制力量、专制手段、精英人物来统治社会的一种形式，它是与民主极不同的一种管理国家的形式。权威强调的是强制性，而民主强调的是民主协调性，权威的实现只需要少数的社会精英人物，而民主则要求全体人民的参与。在这里，权威主义不仅错误地理解了权威的内在含义，而且也错误地将权威与民主对立起来。我们认为，权威不仅不等同于专制、集权（哪怕是半集权），而且也不是同民主相对立。权威是一种客观存在的社会现象，这一现象是社会秩序得以维系的一种机制和条件，不论是何种性质和类型的社会,权威都不可缺少,因而它不可能与民主相对立。民主作为一种精神和意志是人们参与社会事务的一种手段和方法,作为一种社会制度,则可能被接受或反对。我们追求民主,是因它最终体现了人的本质力量。① 但在这一追求的过程中,民主并不经常地成为现实的社会制度,尤其是在中世纪的漫长岁月里。权威主义作为一种社会制度,也有可能为某一社会所接受而成为其政治体制,但它绝不等同于权威作为社会运转的内在机制的作用。权威与民主既不矛盾也不对立,权威实际上恰是民主的一种内在要求,没有权威的参与,民主理论是不完备的,民主制度也是存在不下去的,反之,民主也是权威的一种内在要求,权威就是其意志的施加者以其思想的全面性、深刻性和正确性而赢得人们对它的信赖,它排斥权力的强制性,更与专制、独裁无缘,它事实上也就是一种民主方法的表现,没有民主的权威,或不体现民主的权威,必然会演变为极权专制。

由于权威与权威主义存在着根本的区别,我们在权威的理论研究中以及权威的实现中,必须注意,一方面要积极重视权威的发展完善,另一方面要注意防止权威主义的泛滥。之所以要积极地重视权威的发展,乃因为权威是社会秩序稳定的保障系统,没有权威机制的作用,社会就会处于无序状态,从而阻碍社会的发展,但权威是一种社会现象,是特殊的社会关系,因而它要受到多种因素的制约,如何排除各种

① 参见万斌、薛广洲《民主哲学》,浙江人民出版社 1994 年版。

不利因素，促使权威的完善，从而促进社会的有序运转，是我们应该重视的任务。权威主义由于其本意是与专制相联系的，因而它的泛化便会导向专制、独裁，会为集权、极权主义充当先行兵。因此，我们重视权威，但不赞同权威主义。

另　论

七　权威与真理

　　正因为从哲学角度看，权威是对客观必然性的认同与选择，因而，权威只能是在人类社会实践过程中形成的具有威望和支配作用的力量。由于权威是在人们的社会实践活动中逐步形成和发展的，它的体现者无论是某个人、某种观点体系还是某种组织，都必须得到社会的公认。因此，权威与人的认识就有着不可分割的联系。又由于权威的实质就是对一种客观必然性的认同与选择，而真理又是人们对客观事物及其规律的正确认识，所以权威与真理也就必然存在着一定的联系。

　　权威的把握，权威在社会运行中实现其本质的特征，首先需要在认识领域从与真理的比较与分析中获得进一步的意义。

　　作为哲学层面的权威，是指对一种客观必然性的认同与选择，而作为认识论范畴的真理，则是人们对客观事物及其本质发展规律的正确认识。因此，权威可以说是真理的必然特性，而真理则是指导人们实践活动的权威性理论。但由于人们对客观事物及其规律的认识是一个非常复杂的过程，真理本身又有其固有的特性，因此，我们不能简单地说，真理就是权威，或权威就是真理。尽管权威从本质上表现为对一种客观必然性的认同和选择，但是，由于客观事物及其关系也是在变化、发展的过程中，因此，人们对客观必然性的把握也不可能一次就能实现。由于权威的主体——即意志的施加者因主客观的原因，对客观必然性的认识和把握还不充分、全面、准确，同样，权威的受体——即意志的服从者因其对意志的施加者的意志并不充分的了解，这时即使意志的施加与服从得以实现，即在两者之间形成权威，也只能说是权威发展的初级状态，还未达到本质意义上的权威状态。这个时候，权威与真理就不是统一的。因此，我们说，只有在一定的条件基础上，权威与真理才能统一起来，否则权威与真理有时是不能等同的，甚至是南辕北辙，根本对立的。

马克思主义认为，真理的发展是一个客观的辩证过程，是一个不断地克服和修正错误，接受实践的检验，并在实践过程中不断丰富和发展的过程，真理既不是一次认识就能完成的，也不是包罗无遗和一成不变的。正如列宁所说："思想和客体的一致是一个过程（思想＝人）。不应当认为真理是僵化的静止，是像神灵、数目或抽象的思想那样没有趋向的、没有运动的、惨淡的（灰暗的）简单的图画（形象）。"① 因为，作为认识对象的客观事物，是不依赖于人们的意志而存在的，这是一个无限复杂的包含着各种要素、各种矛盾的统一体，是一个永恒发展变化着的运动过程，客观世界及其运

---

① 《列宁全集》第38卷，人民出版社1986年版，第208页。

动永远不会结束，因而人们对客观事物的真理性的认识，也必然是一个不断发展变化着的过程，永无止境，是一个从部分到整体，从现象到本质，从有限到无限的过程，不可能有那么一天，人们构筑起完美无缺的真理大厦，登临终极真理的峰巅，穷尽对世界上一切事物的认识，躺在终极真理王国的软椅上无事可做了。所以说真理是相对的又是绝对的，是相对与绝对的统一。人们的认识过程就是由相对真理不断走向、接近绝对真理的无限发展过程。相对真理是近似地反映了客观现实的正确认识，由于人们的实践活动和认识总是受一定的历史条件所限制，人们对客观事物不能一下子完全地、绝对地反映它，而只能近似地、相对地反映它。首先，从认识的广度上来看，人们对客观世界及其规律的每一步认识，只具有相对的真理性，都只能是对无限发展着的客观世界的某一部分，一个片断的正确反映，而不可能认识它的一切方面和过程。世界上还有无数事物没有被认识，认识有待扩展。其次，从认识的深度上来看，任何一个具体真理，都是对事物的一定发展程度、一定层次的正确反映，只能是在一定深度上近似正确地反映它，尚有未被认识的更深的层次，认识有待于进一步深化。再次，从认识的过程来看，任何真理都只能是对不断发展的客观事物的一定阶段的正确反映，认识有待于不断向前推进，从相对真理向绝对真理转化或过渡。而真理的绝对性，包含着两层意思。一是指任何真理都是人们对客观事物及其规律的正确反映，同谬误有原则的界限。从这个意义上讲，我们承认了真理的客观性，也就承认了真理的绝对性。任何相对真理的内容也都是客观真理，这一点也是绝对的。不能因为某一复杂认识中既有真理，又有谬误，就认为真理中既有正确，又有错误，真理的相对性不等于真理中还包含错误。真理和错误是根本不同的两种认识，各有质的规定性，两者不能混淆。二是指人类能够正确认识无限发展的物质世界，认识的每一个进步，都是向无限发展着的物质世界的接近，人们的认识受当时历史条件的限制，只能认识当时历史条件所允许的东西。但是，人们在那个历史时代获得的真理，又是正确地反映了当时社会和自然的发展情况。人们通过相对真理走向绝对真理。就人的认识能力和可能性来说，是能够认识无限发展的客观世界的。也就是说，在人类的认识面前，没有不可认识的东西，现在没有认识的东西，将来随着科学的发展，也会成为可以被认识的东西。人们通过层层相对真理的阶梯，就能逐步地接近和掌握绝对真理。这就是思维的至上性、绝对性和无限性。从这个意义上来说，承认世界的可知性，也就承认了真理的绝对性。但是，就每一个具体的人来说，由于受到客观事物及其本质的暴露过程，社会历史条件（如实践和科学技术发展水平、社会斗争状况）和主观条件（如个人的肉体和知识，经验水平和思想方法等）的限制，他们的认识和思维又是非至上的相对的和有限的。人们认识能力的这种至上和非至上、绝对和相对、无限和有限的对立统一，表现在认识、思维成果的真理上，就是真理的绝对性和相对性，即绝对真理和相对真理的辩证统一。

随着认识的发展，真理还将改变着自己的形式。例如，在哥白尼时代，人们对宇宙的认识局限于太阳系，因而哥白尼提出的"日心说"就是真理性的认识，但在今天，人们早已认识到，太阳不过是银河系中千千万万颗恒星中的一颗，在广袤无垠的宇宙中就如沧海之一粟，根本不是什么"宇宙中心"。同样，在自然科学中，人们对一般常规的机械运动可以用牛顿建立的古典力学理论来正确地反映。但是，如果超越常规的机械运动范围，在高速运动和微观粒子力学范围内，就必须用爱因斯坦相对论来正确地反映。此外，同一真理又可以有不同的表现形式。如马克思主义在不同国家、不同历史时期，表现形式也会有所不同。在当今的中国，由于正处在社会主义的初级阶段，因而马克思主义的表现形式就是中国特色社会主义理论体系。

当权威与真理统一时，由于人们的认识过程是如此的复杂，真理本身又具有这些固有的特性，这就决定了权威也是相对与绝对的统一。也就是说，任何权威都是相对的，无条件的绝对权威是不存在的。一方面权威具有的支配作用，是以服从为前提的，因此任何没有支配作用的力量，不能使人们服从的力量显然不能成其为权威，这就是权威的绝对性。另一方面，在人类历史的长河中，人们公认的权威也发生着变换更替。例如，原始公社的社会秩序靠习惯、传统等道德权威来维持。奴隶制国家以直接暴力代替了道德权威，中世纪树立的是神的权威。18世纪，霍尔巴赫、爱尔维修、狄德罗等以理性的权威代替了神的权威。这都表明，权威又是相对的，当人们的认识受到客观事物及其本质的暴露过程以及社会历史条件和主观条件的限制时，他们对当时公认的权威就只有绝对的服从，也就是在这种情况下，权威体现了它的绝对性。但是，一旦社会历史条件和主观条件发生了变化，或者人们对客观事物的认识扩展了、深化了、前进了，人们对当时公认的权威就会产生怀疑，就不会绝对地服从。原有的权威就会发生动摇，旧的权威将丧失，新的权威就会出现，权威的更替也就随之发生，表现出了权威的相对性。权威的发展过程恰恰体现了权威与认识的联系。

由于人们对客观事物及其规律的认识有时是正确的，有时则是错误的，因此，权威也并不总是与真理相统一的，有时甚至是与真理相对立的。当权威建立在人们对客观事物及其规律的正确认识基础上时，权威与真理是相统一的，因而真理的绝对性和相对性的统一特性，也必然表现出权威的绝对性与相对性的统一。但是，如果权威是建立在人们对客观事物及其规律的错误认识上时，权威和真理就不是统一的，而是对立的。

人们的认识就是主观对客观的反映，就是主观与客观由不相符合逐渐走向相符合的过程。在这个过程中，人们具有正确的反映客观的可能性和必然性，也具有错误的歪曲的反映客观的可能性和必然性。就每个人在某件事的认识上来说，可能避免错误的歪曲的反映，但就每个人一生的全部认识过程来说，错误的歪曲的反映却是不可避免的。这不仅是因为人们受着社会历史条件，实践中的地位的制约，受着主体的实践水平、认识水平和思想方法的制约，同时也受着客观事物本身的复杂状况的制约。因为人们在认识过程中，有时能正确地反映客观事物的本质和规律而获取真理，有时也会片面地歪曲地反映客观事物的本质和规律而造成谬误。真理和谬误可以说是人们认识过程中必然产生的一对孪生姊妹，它们都是人们认识活动的结果。真理和谬误是人们认识过程中产生的一对矛盾，它们之间的相互对立、相互斗争，推动着真理的发展和人们认识的发展。毛泽东曾经指出，"正确的东西总是在同错误的东西作斗争的过程中发展起来的，真的、善的、美的东西总是在同假的、恶的、丑的东西相比较而存在，相斗争而发展。当某一种错误的东西被人类普遍地抛弃，某一种真理被人类普遍地接受的时候，更加新的真理又在同新的错误意见作斗争。这种斗争永远不会完结。这是真理发展的规律，当然也是马克思主义发展的规律"。①

在认识领域，真理的存在和发展，是对谬误的否定；谬误的存在和发展，是对真理的否定。它们总是企图限制对方，排斥对方，消灭对方，为自己的存在和发展扩大地盘。真理如果不同谬误作斗争，就不能存在和发展。真理只有与谬误作斗争，才能充分显示出真理的正确性和谬误的错误性，才能使人们分清真假、美丑、善恶，从而才能扩大真理的影响，缩小谬误的影响。科学是真理，宗教迷信是谬误，如果不用科学理论去揭穿宗教迷信的虚伪和欺骗，科学就不能顺利地向前发展。另外，真理唯有与谬误作斗争，才能在斗争过程中提出新问题，研究新问题，从而才能丰富、完善和发展原来的真理，才能发现新的真理。真理和谬误的斗争是真理发展的规律，但是，绝不能由此说它是真理发展的动力，因为真理发展的动力根源于人们的社会实践，是社会实践的发展

---

① 《毛泽东选集》第 5 卷，人民出版社 1977 年版，第 390 页。

推动着真理的发展。

真理是不可战胜的。真理与谬误的斗争无论如何曲折，真理最终必然会取得胜利。因为，真理是对客观事物的本质和规律的正确反映，而客观事物的本质和规律是不以人的意志为转移的，因此同客观事物的本质和规律相符合的真理性认识，也是任何人推不翻的，它在实践中只能被充实和发展。而谬误则相反，由于它本身是对客观事物的歪曲的反映，是与客观事物不相符的，因此，它无论依靠什么样的权势或权威，在实践中都会被否定的。所以说，真理与谬误的斗争无论如何曲折，无论经过多长时间，真理最后一定会取得胜利。真理在斗争中会变得更加光辉，正像马克思说的那样："最好是把真理比做燧石——它受到的敲打越厉害，发射出的光辉就越灿烂。"①

权威有革命的权威和反动的权威之分。革命的权威从人类历史发展的客观事实出发，正确地揭示了客观事物的本质发展，而反动的权威是从反动阶级的立场和利益出发，对客观事物及其规律作歪曲的、颠倒的，至少是片面的反映。当权威的体现者无论是某个人或某种组织时，而这种权威又是建立在与真理相统一的基础之上的，则权威在真理与谬误作斗争的过程中，就能发挥积极的能动作用。这时的权威将有助于真理与谬误的斗争，并促进人们对真理的追求，促进新的真理的发现，从而也进一步巩固了权威，提高权威的支配作用。但是反过来，如果权威是建立在谬误基础之上的，则

①　《马克思恩格斯全集》第 1 卷，人民出版社 1995 年版，第 69 页。

在真理与谬误作斗争的过程中，这种权威就是一种反动，它会保护谬误，支持谬误，并阻碍真理的发现，打击限制真理的发现，从而阻碍了真理的发展。但是这种状况是不会持久的，因为真理毕竟是真理，谬误也毕竟是谬误，虽然由于这种反动权威的支持，使谬误得以生存，真理被压制，这种现象只能是暂时的，因为真理是不可战胜的，最终真理必然战胜谬误。而这种反动的权威也必然会因真理的胜利而最终被消灭，一种新的权威与真理相一致的新权威就会取代这种反动的权威。

人类的认识发展历史，可以说是一部真理同谬误的斗争发展史，其中权威的能动作用和反动作用也同样体现其中。在自然科学的发展中，许多光辉的科学真理，都是在同谬误的斗争中发展起来的，许多伟大的科学家，为了探索真理，坚持真理，在与谬误的斗争中，受到反动权威迫害，甚至献出了他们宝贵的生命。例如，哥白尼发明的日心说，由于与教会支持的地心说相反对，因而动摇了教会的权威，引起了教会及其辩护士的狂怒，他们残酷地烧死了积极宣传和发展日心说的意大利哲学家布鲁诺；他们为了维持教会权威，又拘押和迫害了坚持哥白尼学说的科学家伽利略。代表谬误的宗教反动权威虽然如此猖獗，但是，真理还是不可战胜的，哥白尼的日心说最终还是战胜了地心说。又如，16 世纪的西班牙医生塞尔维特，由于发现和坚持血液的肺循环，与教会所支持的"灵气运行说"相矛盾，被加尔文教活活烧死。但是，血液循环的科学真理是永远不能被消灭的，它虽然在当时受到压制、受到打击，可 75 年后，英国医生哈维不仅重新提出了而且进一步发展了血液循环的科学与真理，经过斗争终于战胜了谬误"灵气运行说"，开辟了生理学研究的新纪元。

在社会科学领域，真理与权威的关系也是如此。例如，19世纪40年代，马克思、恩格斯在总结、继承人类一切优秀思想文化成果的基础上，对人类社会发展的客观规律进行研究，当他们提出伟大的马克思主义真理的时候，欧洲的一切资产阶级反动势力和反动权威，都把它视为眼中钉，他们联合起来对马克思、恩格斯进行围剿和迫害，工人运动内部的各种机会主义者，也对他们的学说进行歪曲和诽谤。但是，马克思、恩格斯并没有因此有丝毫的动摇和妥协，他们不仅同资产阶级的反动势力和反动权威进行了最坚决的斗争，也同各种机会主义进行了最坚决的斗争。在斗争中，他们不仅战胜了各种反动思想，反动权威，并且继续发展了马克思主义，扩大了马克思主义在全世界的影响，使之成为无产阶级和劳动人民进行革命斗争的有力的思想武器，成为指导革命人民进行革命的理论权威。又如中国共产党人在几十年的革命历程中，坚持马克思主义的普遍真理同中国革命的具体实践相结合，在与帝国主义、封建主义和国民党反动派的长期艰苦斗争中，不断丰富自己，提高自己，并且与党内各种错误路线作坚决的斗争，最终取得了胜利，建立了社会主义新中国，并发展壮大了自己的队伍，从而确立了领导中国人民革命的权威地位，作为全党的理论结晶毛泽东思想也成为指引我国人民革命实践的权威理论。如同真理是在与谬误的斗争中发展的一样，革命的权威是在同反动的权威的斗争中发展的。

马克思主义认识论认为，实践是检验真理的标准，这是由真理的本质和实践的特点决定的。我们知道，真理是人脑对客观事物的本质及其规律的正确反映，它的本性是主观与客观相结合、相一致的。这种本性要求检验真理的标准，必须具有能将主观的东西转变客观的东西，而具有这种能力的只有人们的社会实践。实践所以具有这样的能力，能充当检验真理的标准，是由实践本身的特点决定的。列宁说："实践高于（理论的）认识，因为实践不仅具有普遍性的优点，并且有直接的现实性的优点。"①

首先，实践具有普遍性的特点。实践的普遍性也就是实践的共同性、规律性问题。它表现为在同样的条件下，同样的实践，总会产生同样的结果。实践的普遍性是以客观规律和因果制约性的普遍作用为基础的。客观规律和因果制约性决定了实践的普遍性。由于实践具有普遍性的特点，人们就可以自觉地有计划地通过实践来实现自己预想的目的，人们也可以自觉地有计划地通过多次反复的实践来揭示客观事物的规律，以其实践的普遍性结果，来比较和验证原来的认识是否与客观事物的规律相符合，任何真理性的知识和科学规律，都具有普遍性。而一种普遍性只能由另一种普遍性来证明。如果实践没有普遍性、规律性，人们也就无法预见实践的结果和实现预定的目的，更不可能揭示出客观事物的规律性，也不能以其实践的普遍性的结果去检验原来的真理所具

---

① 《列宁全集》第 38 卷，人民出版社 1986 年版，第 230 页。

有的普遍性，这样实践也就不能成为检验认识的真理性的标准了。由此可见，实践的普遍性是实践充当检验真理标准的重要前提。其次，实践还具有直接的现实性的特点。所谓实践的直接现实性，是指实践活动是物质的活动，实践结果是实践目的对象化、物质化，是精神转化为物质，是主观见之于客观。这是实践之所以能充当检验真理标准的根据。凡是符合于客观规律的知识，经过实践，就能获得成功的物质化的结果，从而证明了主观与客观的一致，证明了原来认识的正确性和真理性；凡是不符合于客观规律的认识，经过实践，就会得到失败的物质化的结果，从而证明了主观与客观的不一致，证明了原来认识的不正确。实践的普遍性和直接现实性，在检验真理的过程中，是不可分割地统一在一起的。实践的普遍性依靠实践的直接现实性来确立和证明；反过来实践的直接现实性又依靠着实践的普遍性即规律性，作为其现实的根据。实践这两个方面的特点及其二者的统一，决定了只有实践才是检验真理的唯一标准。

同样，一种权威的最终确立也必须通过实践的检验。这是因为，首先，权威的确立离不开人们的认识。其次，无论权威的体现者是一种理论，或某个人，或某种组织，它都与真理有着必然的联系。如果权威的体现者是某种理论，则实践检验真理的原则就同样适用于权威。只有通过实践的检验才能证明这种理论是否正确，当实践的检验证明了这种理论是正确的，是真理，这种理论才能作为权威性理论去指导人们的社会实践，它的权威性才能最终确立。反之，当实践的检验证明了这种理论不符合实际，是一种谬误，是错误的，则这种理论就难以成为权威性的理论，哪怕它一时成为权威，也最终为人们所抛弃，其权威性也最终消失。如果权威的体现者是某个人或某种组织，那么权威与真理也必定有着不可分割的联系，这是因为，无论是人还是组织，都必须有一种理论去指导自身的行为，因此体现者所表现出的权威性也就取决于其理论的真理性，只有指导他们的理论是一种真理时，他的权威才能最终被确立，否则，指导他们的理论是一种谬误时，其权威性最终将被推翻。因此，无论权威的体现者是谁，其权威性都将要受到实践的检验，这是权威与真理的关系所决定的。通过实践，革命的权威终将被确立，反动的权威终将被推翻。回顾一下，我国革命的历史，就能清楚地认识到这一点，中国共产党的领导地位，就是在实践中得到检验后，而被全国人民所公认的。首先，中国共产党坚持马克思主义真理，坚持马克思主义普遍真理同中国革命的具体实践相结合，在不同的革命历史时期提出不同的方针政策，并在革命的实践中改正错误，不断完善自己的理论，从而确立自身的权威地位，中国共产党权威地位的确立，是因为这种权威经受住了实践的检验，中国革命的胜利和社会主义建设的成绩，证明了中国共产党是中国人民的领导核心。同样，毛泽东同志在我党和全国人民心中的领导地位的确立，也同样是经过实践检验的，毛泽东同志在我党的领导地位的确立，标志着中国革命开始了新的转折，从此中国革命开始了新的历程。

通过以上分析，我们可以知道，权威与真理有着不可分割的联系。首先，革命的权威必须与真理相一致。只有与真理相一致的权威才能正确指导人们的革命实践，才能最终确立其权威的地位；反之，反动的权威必然要压制真理，扼杀真理，阻挠人们对真理的追求，但这种权威最终也必然被推翻。其次，由于真理的相对性，表明权威也具有相对性，当社会现实条件发生了变化，原来的真理有可能会成为谬谈，原来的权威也会失去支配作用，甚至会成为反动的权威，这就要求我们正确地对待权威，不能盲目服从权威。我们只拥护革命的权威，反对反动的权威。再次，只有实践才是检验真理的唯一标准，因而我们对权威的承认，也必须经过实践的检验，不唯上，不唯书，坚持实践检验真理的标准，对任何权威，也要看看它是否符合实际，能否正确地指导人们的革命实践。在今天，我们建设有中国特色的社会主义，我们必须坚持马克思主义的权威理论，这是绝对的，但又必须结合我国的国情和国际环境的现实，高举邓小平有中国特色社会主义理论这个权威，维护中国共产党的权威，为早日实现我国社会主义现代化努力工作。

八 权威与宗教

马克思主义者认为，宗教是自然压迫与社会压迫的产物。面对自然、社会和人生中的种种巨大压力，那些深感不能掌握自己命运的人们，试图寻找一种超越一切的力量，作为自己命运的依托和精神的归宿。宗教就是为了满足人们的这种需求应运而生的。正如恩格斯所说："一切宗教都不过是支配着人们日常生活的外部力量在人们头脑中的幻想的反映，在这种反映中，人间的力量采取了超人间的力量的形式。"①

宗教是一种普遍存在的社会现象。全世界任何一个民族，在其形成和发展的历史进程中，都曾信仰和崇拜过某一种宗教或几种宗教——这些宗教，或者是土生土长的原始宗教，或者是异国他乡传入的外来宗教。

宗教又是一种不断发展的历史现象。它是在人类社会的发育程度达到一定水平之后，才逐步形成和确立的。同时，宗教又随着人类社会的发展而发展。

宗教还是一种组织完备的社会团体。与其他世俗的社会

---

① 《马克思恩格斯选集》第 3 卷，人民出版社 1995 年版，第 666—667 页。

团体的不同之处是：宗教组织的目标是崇拜神，服从神的意志，力图接近神，并得到神的佑护；它的组织结构是按照"神的意志"构架的；它的各级组织者——其名称可以是教皇、活佛、毛拉等——是按照"神的意志"行事的；它的组织规则是按照"神的意志"制定的，等等。在宗教组织中，神的影子无处不在；在宗教组织成员的眼里，神的意志无处不在。神是至高无上的。神职人员是神的仆人，神的使者，神的代言人，神的意志的执行者，是仅次于神的"神"，是超越凡人的"人"。而人，这个人间万物中第一个宝贵的创造者，被贬到了极其卑微、微不足道的地位。

尽管如此，作为一种社会组织，毫无疑问，宗教也需要建立、维护和巩固自己的权威。为了这种权威的强化和延续，宗教组织可以无所不用其极：他们可以把教友的头盖骨、人皮制成祭祀的法器，可以把科学家投入到熊熊燃烧的烈火之中，也可以把异教徒的头颅悬挂在高高的旗杆之上。当然，他们大量而又经常运用的，还是"至高无上"的神学的力量。

（一）"神权至上"——宗教权威的形成与确立

以"至高无上的神"作为研究对象的神学理论，为宗教权威的树立奠定了思想理论基础。纵观任何一种宗教，使其得以产生和形成的首要因素和核心因素，无不取决于其独具特色的宗教意识。可以说，没有宗教意识，就没有宗教。

人类最早的宗教意识，是在人类原始群体中自发产生的。起初，它只是与人们的其他思想意识混杂在一起，并没有形成自己独特的形态。进入文明社会之后，人们的宗教意识才开始与其他社会意识逐步分离，并渐渐形成了有别于其他社会意识的独立的存在形态。这种宗教意识，由过去人类群体的自发形成，开始变为由少数宗教思想家或宗教领袖自觉、独立地提出。目前流行于世界各地的基督教、佛教和伊斯兰教等，其宗教意识大都是这样产生的。当然，并非每一个人提出的宗教思想都是"宗教意识"。只有那些为一部分人所普遍接受，并逐渐成为其行为准则的宗教思想，才可称其为"宗教意识"。

宗教意识是以信仰和崇拜超自然存在物（或"造物主"）为根本特征的。千百年来，尽管人类社会发生了巨大变化，许多宗教也与其创始时期大不相同，但宗教意识的这一特征却丝毫没有改变。正是基于这一特征，我们才能够把唯心主义哲学家，与以唯心主义哲学为基础的宗教活动家区别开来；把那些遵循某些具有宗教色彩的民族习俗的人们，与笃信和崇拜造物主的宗教信徒区别开来。

宗教意识只是一种雏形初具的宗教思想，它还不是体系完备的宗教理论。在宗教意识支配下，各大宗教相继创立了以造物主及其学说为研究对象的神学理论。根据这一理论，造物主——上帝、佛、真主等，尽管它的名称不同，但是有一点却是一致的："神"是至高无上的。例如：基督教各派都相信"三位一体"的上帝为创造和管理天地万物的主；因犯罪背离上帝的人，要陷于魔鬼的罪恶势力之下而不能自拔，唯有信赖基督才能蒙救并获得永生。佛教认为佛陀有着无际的寿命和威力。伊斯兰教五大基本信条之首，就是"信真主"；认为真主是宇宙万物的创造者、恩养者和唯一的主宰；当"世界末日"来临之时，所有人都将接受真主的裁判，善者进天堂，恶者下地狱，等等。

神学理论是宗教组织赖以存在的灵魂与根本。可以说，"神权至上"是宗教权威赖以确立的最重要的"依据"。正是这样一套体系完备的神学理论，为宗教权威的强化与扩张，奠定了必要的理论基础。在这一理论的指导下，一整套结构严密、等级森严、行为诡秘、处罚严厉的宗教组织逐步形成，并开始影响整个人类的发展进程。

结构严密的宗教组织是加强宗教权威的组织保证。

宗教既是一种意识形态，也是一种社会实体。组织严密的宗教团体，是区别于一般迷信群体的重要标志。与其他社会组织一样，宗教组织是宗教信徒有意识创立的，它具有明确的奋斗目标，有着严密的组织结构和常设部门。

佛教传入中国之后，在不同地区和不同民族中，分别形成了汉语系、藏语系和巴利语系等三大系统。在汉语系的佛教寺院中，一寺之主称"住持"或"方丈"。下设执事僧：有统领全寺僧众的"首座"，有总管寺务的"都监事"，有掌管财务的"副寺"，有执掌文书的"书记"，有掌管佛教典籍的"知藏"，有负责接待宾客的"知客"，等等。在藏语系的佛教寺院中，有主管寺务的"堪布"，有带领僧众诵经的"翁则"，有监察纪律的"格贵"，有掌管库房和财务的"涅巴"，有管理扎仓行政事务和财务的"强佐"，等等。在巴利语系的佛教寺院中，有最高领袖"松迪阿伽摩尼"，还有相当于住持的"都龙"，等等。

在基督教各派的教会中，主要有"主教制"、"长老制"和"公理制"。在奉行"主教制"的教会中，"主教"是一教区内主管一切教务和行政的首脑。"司铎"由主教派立，助主教管理教会，施行圣事。"助祭"也由主教派立，充当司铎的助手，并依据其表现，可升任司铎。在奉行"长老制"的教会中，教会中设有"牧师"、"教师"、"执事"和"长老"。其中，牧师负责讲道和施行圣礼，教师负责教导，执事负责教会事务工作，长老和牧师共同管理教会的行政事务。在奉行"公理制"的教会中，除牧师外，主要设有"执事"、"文书"、"司库"，等等，分工协助牧师管理教会事务。

此外，在各大宗教中，还有专门负责监察和惩处违反宗教教规的神职人员的机构。这些名称各异的组织机构和神职人员，保证了宗教机器的正常运转。

在宗教组织的所有组织制度中，以宗教领袖的产生制度最为重要，也最为神秘。纵观世界各大宗教，由于其宗教学说和发展历程的不同，其宗教领袖的产生方式也不同。目前各大宗教领袖的产生方式主要有：

——"拥戴制"，即由宗教信徒拥戴一人为宗教领袖。如伊朗伊斯兰教宗教领袖霍梅尼就是这样产生的。

——"指定制"，即由原宗教领袖指定一人为继位人。如伊朗伊斯兰教现任宗教领袖哈梅内依就是这样产生的。

——"选举制"，即由少数具有选举权的高级神职人员，推荐和选举一人担任宗教领袖。如罗马天主教的教皇就是这样产生的。

——"转世制"，即由前任宗教领袖留下遗言，由高级神职人员依照有关的宗教仪规，到民间寻访转世灵童，经鉴别、认定和培养后，拥立为宗教领袖。如我国藏传佛教的宗教领袖——转世活佛就是这样产生的。

当然，并非所有的宗教都有世界性、全国性或全民族性的宗教领袖。如佛教和伊斯兰教等，就没有世界性的宗教领袖。基督教中的新教，甚至没有全国性或全民族性的宗教领袖。

禁忌严格的宗教规范是强化宗教权威的制度保证。

宗教规范是宗教意识的具体体现，是构成宗教的必不可少的组成部分，也是维护和强化宗教权威的重要的制度保证。宗教规范通常包括宗教制度、宗教仪规、宗教道德和宗教习俗，等等。在日常生活中，上述内容往往交织在一起。

在佛教中，有十分严格的"僧伽制度"。一个普通的宗教信徒，必须经过"出家"、"受戒"等程序后，才能成为一个普通僧人。出家之后的僧人，在寺院中还要遵守一系列"丛林清规"，如"素食"、"不杀生"、"不偷盗"、"不淫"、"不妄语"、"不饮酒"、"不视听歌舞"、"不坐高广大床"、"不蓄金银财宝"，等等。以后，还要受"具足戒"和"比丘戒"。其中，汉语系佛教的"比丘戒"为250条，藏语系佛教的"比丘戒"为258条，巴利语系佛教的"比丘戒"为227条。

伊斯兰教的教义规定，信徒们必须遵守"五信"，奉行"五功"。"五信"是：信真主、信天使、信经典（《古兰经》）、信先知（穆罕默德）和信后世。"五功"是：育证言（亦称"清真言"）、做礼拜、守斋戒、纳天课和朝觐麦加。

除此之外，在婚丧嫁娶和日常生活方面，伊斯兰教也有一些比较严格的规矩。例如，信徒不能饮酒和含有酒精的饮料；不能食用猪肉和其他自己死亡的动物；不能食用动物的血液和其他不洁净的食物，等等。

这些禁忌严格的清规戒律，对强化宗教权威，提供了必要的制度保证。任何触犯清规戒律的言行，都要受到极为严厉的惩罚。

以神的"圣子"、"使者"或"仆人"自居的神职人员，成为宗教权威的最高化身。神职人员是宗教组织的实际领导者和组织者。没有他们的组织、运作与支撑，任何宗教组织都不可能形成和生存下去。神职人员通过他们特有的身份和特有的权力，来维系宗教组织的存在与发展。

——"替天行道"是神职人员特有的身份。几乎在所有的宗教中，神职人员都宣称人类堕入苦难之中，是神派他们来拯救人的灵魂和肉体的。基督教称耶稣是上帝的"圣子"，肩负着"拯救人类"的使命。释迦牟尼的苦苦修行，是为了"超度芸芸众生"。而穆罕默德则是"真主的使者"，负责向人们转达真主的旨意。在宗教组织中，只有神职人员才能传达神的旨意，同时，也只有他们才能把信徒的意愿转达给神知道。因此，神职人员的周身就笼罩上了一道神秘的光圈，令信徒们望而生畏。为了维持这道神秘的光圈，神职人员必须娴熟地掌握神学理论，同时，还必须以特殊的生活方式、行为规范乃至特殊的服饰，出现在信徒们的面前。这一切，无形中都扩大和强化了神职人员乃至宗教的权威。

——"代神传言"是神职人员特有的权力。无论《圣经》、《古兰经》，还是佛经和道藏，无不是神职人员"代神传言"的产物。他们不仅创立了"神"的经典，而且还负责解释和演绎这些经典。总之，只有他们才能传达神的旨意，也只有他们才能解释神的旨意。"凡夫俗子"们，自然只能是俯首恭聆神的教诲，身体力行神的指使，除此之外，绝不敢心存疑惑，更不敢忤逆神意而超越雷池了。

（二）"政教合一"——宗教权威的登峰造极

政教合一制度的实施，把宗教权威推到了登峰造极的地位。

实行政教合一制度时间比较早、影响也比较大的是始于公元 756 年的罗马教皇国。就这一年篡位的法兰克国王丕平，为酬谢罗马教皇对自己的支持，将意大利中部的大片领土赠给了教皇，从此，宗教势力开始攫取世俗统治权。随着教皇国国土的逐步扩大，这种政教合一的统治制度在公元 13 世纪达到了巅峰。

在中国的西藏，历史上也曾出现过政教合一的地方政权。公元 13 世纪中叶，藏传佛教萨迦派首领受到元王朝的册封，开始掌管西藏地方政权，这使得西藏地区原有的政教合一制度，开始初具规模。到了公元 1652 年，藏传佛教格鲁派首领五世达赖在得到中央政府的正式册封之后，使西藏地区的"政教合一制度"得到了空前的发展。

在政教合一政权的统治下，"神的意志"得到了最大限度的体现，人的尊严受到了最大限度的贬斥。

宗教教义成了包治百病的治国法典。在政教合一的制度下，本来只是宗教信徒信守的宗教教义，被尊崇为国家政府的意志而强迫一切公民奉行。

在民主改革前的西藏，噶厦政府奉行的是以宗教教义为核心的《十三法典》和《十六法典》。这些《法典》规定："人有上、中、下三等，每等人又分为上、中、下三级"；人的"言语行为要合于佛法"；"下打上者、小官与大官争执者犯重罪，均应拘捕"，"不受主人约束者逮捕之，侦探主人要事者逮捕之，百姓碰撞官长者逮捕之"，"向王宫喊冤，不合体统，应逮捕击之"，等等。按照《法典》的精神，三大领主统治农奴是神的意旨，农奴受苦是命中注定，不能反抗。

在一些立某一宗教为"国教"、奉行宗教复古主义的国家里，仍然可以看出政教合一制度留下的深深印记。1979年，伊朗的伊斯兰革命胜利之后，亲美的巴列维国王被迫出走，因反对国王而流亡国外的伊斯兰教什叶派领袖霍梅尼回到了国内。他于当年 4 月宣布成立"伊朗伊斯兰共和国"。12月，公民投票通过了新宪法。宪法规定，以什叶派的伊斯兰教义为立国准则；以霍梅尼为终身宗教领袖，在行政、立法、司法和军事方面拥有最高权力，等等。据此，妇女们重新蒙上了面纱，一些古老的宗教刑罚又开始出现在社会生活之中。

宗教领袖成了君临天下的人间帝王，神职人员成了管理国家的行政官员。在政教合一的制度下，宗教领袖不再是"不食人间烟火"的神仙。他们不仅要管人们的精神生活，而且还要管凡夫俗子们的世俗生活。同样，神职人员们也走出了寺院和教会，开始为芸芸众生而奔忙。

在天主教中，教皇把神职人员分成了"神职教阶"和

"治权教阶"两大系列：

——"神职教阶"被称作"按品级言的教阶"，分为"七品神职"——主教、司铎、助祭、司门、诵读、驱魔和侍从。其中前三个品级被称作"神所立的品级"，后四个品级被称作"教会立的品级"。这部分神职人的职责，是从事宗教活动的专职人员。

——"治权教阶"被称作"按权力言的教阶"，是根据教会治理和统辖权，以及某些特定分工而形成的品级。其中地位最高的是"教皇"。其余，按辖区划分的有："宗主教"、"牧首主教"、"省区大主教"、"都主教"、"大主教"和"教区主教"。按其在教廷的分工划分的有："枢机主教"、"枢机神父"和"枢机辅祭"等。

这些名目繁多的神职人员，司掌着教皇臣民们的今生和来世。民主改革前的西藏，达赖喇嘛是地方上政教事务的最高首脑。在达赖喇嘛之下，西藏地方政府（藏语称"噶厦"）设有四大"噶伦"（即"委员"），其中一僧三俗，以僧官为首。在噶厦之下，设有两个并列的机构，一个叫做"仔康"，即审计处，负责管理俗官事务；一个叫做"译仓"，即秘书处，负责管理僧官事务。译仓除了接受噶厦的领导外，还直接对达赖喇嘛负责。如果没有译仓的官印，地方政府的一切命令都不能生效。在两个机构之下，还有20多个办事机构。这些机构的负责人，都是由僧官和俗官共同负责的。在西藏地方政府之下，又设有相当于专区的"基恰"和相当于县的"宗"。其中，管理基恰的官员，也是一僧一俗。

除了地方世俗事务之外，还有一套管理宗教事务的机构。

这套机构，只对达赖喇嘛本人负责，俗官是不能过问的。达赖喇嘛通过神职人员，不仅牢牢地掌握着宗教事务，而且牢牢地掌握着世俗事务。为了巩固和强化自身的权威，神职人员都不遗余力地为达赖喇嘛尽忠效力。

宗教裁判所成了制造恐怖的暴力机器。为了树立、维护和强化宗教的权威，可以说，各大宗教都竭尽其能。他们除了动用一切宣传工具对宗教信徒进行灌输外，还不惜动用一切暴力手段，对那些"胆敢"对宗教信仰产生动摇，甚至仅仅是对某些宗教教义提出异议的人们都严惩不贷。至于对异教徒的歧视与残害，毋庸讳言，这在各大宗教的历史上，都曾留下过极不光彩的记录。

对民主与科学言论迫害至甚的，莫过于罗马教廷统治下的"宗教裁判所"（或"异端裁判所"）了。这是 13 世纪上半叶，罗马教皇为镇压宗教异端而建立的侦察和审判机构。那些持有不同于罗马正统教派的言行和思想的人，那些科学家、进步思想家和反封建斗士，那些巫师、术士和民间魔师，甚至连那些对上述人士表示同情的人，都可以被视为"异端"。对异端罪的侦察和审讯都极为秘密，控告人和见证人的姓名都得到保密，因此，一经被控，绝难幸免。历史上，惨遭宗教裁判所迫害的，不仅有持不同见解的宗教神职人员，而且还有像布鲁诺、伽利略这样的著名科学家。据记载，仅遭西班牙宗教裁判所迫害的人就有 30 万之多，其中三分之一被处以火刑。

可以说，政教合一制度在把宗教权威推上巅峰的同时，也把它的虚伪、残暴和专制，一览无余地暴露在淳朴、善良的世人面前。14 世纪意大利著名作家卜迦丘创作的《十日谈》，就曾真实地再现了中世纪政教合一制度下，教会上层人物和普通神职人员的虚伪、腐败和贪婪。

（三）"君权神授"——世俗权威对宗教的利用

"天人合一"的神秘色彩，为辅佐人君的神职人员们带来了崇高的社会地位。事实上，很早以前，世俗政权的统治者们，就已经开始利用宗教来强化自己的统治权威。其中最常见的，就是借助宗教人士的嘴，来宣扬"君权神授"，为树立君权的绝对权威，寻找神学的依据。古代埃及的法老，就自称是太阳神的儿子，自己的统治权来自太阳神。巴比伦在公元前 2000 年成为统一的帝国之后，乌鲁克国王吉尔迦美什曾宣称自己是女神宁桑所生。日本的神道教称日本民族是"天孙民族"，天皇是天照大神的后裔，而且是天照大神在人间的代表，皇统即神统。中国历朝历代的封建皇帝，更是以"天子"自居。由于初始时期的宗教势力还十分弱小，他们也乐于借助、利用世俗政权的权威和力量，来发展壮大自己的势力。在中国，被历代封建帝王封为"帝师"、"国师"乃至"天师"的各色宗教人物不计其数。他们身在人君之下而位极万民之上，享尽了人间的荣华富贵，不亚于天上的神仙。当然，因为法术不灵而招致杀身之祸的也数不胜数。

与世俗政权为争夺权力而进行的明争暗斗，既给宗教带来了希望，也给宗教带来了灾难。世俗政权同宗教势力的相互利用都是有一定限度的，当宗教势力羽翼丰满而世俗政权日渐衰微的时候，宗教势力则不再满足于为世俗政权做恭顺婢女的地位，他们一次又一次地掀起了反对世俗政权的宗教运动，试图扫除自己发展道路上的各种障碍。这期间，有的宗教赢得胜利，夺取了国家的最高权力；有的宗教惨遭失败，招致了"毁神灭教"的灭顶之灾；也有的宗教势力同世俗政权，在历史的大舞台上"你方唱罢我登场"，演出着一幕幕似曾相识的悲喜剧。

（四）"请神归位"——世俗国家对宗教的限制

宗教毕竟是宗教。

尽管基督耶稣的黑色十字架曾经从欧洲大陆延伸到红海岸边和乌拉尔山脉，尽管伊斯兰教的绿色旗帜曾经高高飘扬在帕米尔高原和伊斯坦布尔海峡，尽管身着黄色袈裟的佛教徒从恒河之滨，越过世界屋脊，跨过长江、黄河，一直东渡到富士山下，但是，一个不争的事实却在提醒着人们：今天，在人类已跨入 21 世纪的时刻，环顾我们周围的世界，奉行政教合一制度的国家越来越少，实行政教分离、（宗）教教（育）分离的国家越来越多，"请神归位"、"尊神进寺"的呼声越来越高。奉行"无神"也好，笃信"有神"也罢，许多国家都在加紧制定和完善同宗教有关的各种法律，温和却又是坚定地请宗教回归到它自己应该去的地方——宗教信徒们的精神世界中去。

翻翻世界各国的有关法律，人们就会发现：就连一向以"自由民主楷模"标榜自己的美利坚合众国，在他们的法律里面，对宗教的限制一点儿也不比其他国家"疲软"。《美国宪法》第一条修正案明确规定："国会不得制定关于确立宗教的法律。"美国学者依照华盛顿国家出版局 1973 年出版的《美国宪法——分析和解释》和《美国判例汇编》，对这一条款的解释是："第一，该制定法'必须具有非宗教的立法目的'；第二，它必须具有既非促进又非禁止宗教的'基本效力'；第三，该制定法及其实施，必须避免'政府与宗教过多的牵连'。""政教分开条款禁止各个州把任何形式的宗教仪式引进公立学校课程包括不分派系的祈祷，虔诚地朗读圣经，或者背诵基督祈祷词。学校当局不允许传教士在授课日进校传教，即便在学生自愿的基础上。"①

一向以"兼容并蓄"著称的岛国日本，对宗教一直采取比较宽容的政策。日本民族曾以神道教为国教，同时，它也为佛教的发展提供了广阔的空间。但是，就不久以前，日本国会庄重而严肃地修改和通过了新的《宗教法人法》。在这项法令中，日本政府对宗教团体以往拥有的某些特权进行了限制。的确，在一个经济和社会各项事业发展都处于世界领先地位、对各种宗教尚属宽容的国度里，居然也有"奥姆真理教"这样经过政府批准的合法"邪教组织"从中作祟，而且还有那么多的宗教信徒追随其后，其中甚至有国家公职人员和自卫队军官，这些，难道还不发人深省吗？

世界的确在变。

当然，尽管宗教是建立在唯心主义世界观基础上的，但它毕竟是人们对客观存在的自然压力和社会压力的一种直观的反映。我们尽可以嘲笑人们寻求宗教安慰的荒诞不经，但

---

① ［美］卡尔威因、帕尔德森：《美国宪法释义》，华夏出版社 1989 年版，第178 页。

我们绝不可以因此而忽略客观世界给人们带来的这种精神压力。我们应该去探讨：这种压力从何而来？如何消除这种压力？这才能从根本上消除宗教滋生的土壤。

只有消除了宗教赖以生存的社会根源，才能从根本上动摇宗教。对于信教群众的任何讥讽与嘲笑，都是于事无补的。

权威与宗教，宗教与权威，二者关系密切却又有所不同：

——世俗权威和宗教权威都曾借助宗教得以强化，宗教也曾借助世俗权威和宗教权威得以发展，二者都曾相互利用、相互帮助。

——世俗权威曾对宗教权威加以限制，宗教权威也对世俗权威进行过反抗，二者曾经长时间的彼此消长，而且这种消长仍将继续进行下去。

——在政教合一制度下，宗教权威得到了最大的强化和扩展，宗教势力的发展获得了最大的空间和自由；但同时，其他宗教、其他教派甚至不信教人的自由被剥夺殆尽，有时，甚至连他们个人以及家人的生存自由都被剥夺。

——借助宗教树立权威，尽管可以在极短的时间内获取极大的效果，但是，无论回顾历史，还是展望未来，借助宗教势力强化世俗权威，无异于"饮鸩止渴"，其副作用极大。当然，对于虔诚信教的个人，社会尽可加以宽容；但对于形成组织的宗教团体，政府务必加强管理。这种管理，绝不是以强力弹压。任何"向宗教宣战"的做法，只能是"火上添油"，更加刺激了宗教的发展。

——在宗教权威与世俗权威斗争的长期过程中，从全世界总的发展趋势看，干预政务的宗教势力明显处于劣势。尽管有时可能会发生"反弹",一些发达国家甚至还会利用宗教问题干预发展中国家的内部事务,但宗教势力的劣势状态仍将保持下去,并将继续呈现衰减趋势。

——诸神应该归位,宗教应该回归到人们的精神生活领域中去。只有那里,才有它们存在的空间;只有那里,才有它们的用武之地;也只有在那里,宗教权威才能得到承认和服从。尽管随着人类社会的不断进步,宗教权威在那里的活动空间也会变得越来越狭窄,但那毕竟是遥远未来的事情了。

九　权威与民主

民主，作为一种国家形态，是建立在一定经济基础之上的政治上层建筑的组成部分。在人类历史的发展过程中，民主伴随着社会形态的发展而经历了从原始社会民主到阶级社会民主包括奴隶社会的民主、封建社会的民主、资本主义社会的民主，并进到了社会主义社会的民主，最后将伴随人类社会进入共产主义社会。

"民主"（democracy）一词源于希腊文 demos（人民）和 kratia（统治、权力、政府），其词源和字面上的本意为"人民的权力"、"人民的统治"，表示人民支配政治。这是大多数词典所使用的，古代政治家和哲学家以颇为直截了当的方式来使用该词。佩里柯斯说："我们之所以称为民主，是因为政府掌握在多数人手中，而不是在少数人手中。"亚里士多德的《政治家》，在划分君主制、贵族制和民主制的不同性质时，就是用执政人数的多少来衡量的。他认为，一人执政是君主制，少数人执政是贵族制，多数人执政是民主制。尽管现代人们对于民主的理解加入了更加丰富的内涵，但基本上都接受民主是多数人的统治这个传统定义。《简明不列颠百科全书》把"民主"解释为：（1）由全体公民按多数裁决程序直接行使政治决定权的政府形式，通常称为直接民主。（2）公民不是亲自而是通过由他们选举并向他们负责的代表行使政治决定权的政府形式，称为代议制民主。（3）在以保障全体公民享有某些个人或集体权利（如言论自由和宗教信仰自由等）为目的的宪法约束范围内，行使多数人权力的政府形式，称为自由民主或立宪民主。（4）任何一种旨在缩小社会经济差别（特别是由于私人财产分配不均而产生的社会经济差别）的政治或社会体制。可见，任何一种民主形式，都是把多数人的意志确认为国家的最高意志，从而确保多数人执政和多数人的利益及权利的关系问题。如果不能正确解决这个问题，那么民主就不可能是健全的、彻底的。所以，用这个定义来衡量，只有社会主义民主才能称得上是名副其实的"大多数人的统治"。

对于在社会生活和社会实践中形成发达的思维能力的人类来说，"民主"确实是一个美好的词语。但是值得强调的是，在阶级社会，作为国家形态的权威具有鲜明的阶级性。它是通过对生产资料和生活资料的占有和管理来实施对人的全面控制、统治和支配的。显然，一个国家权力体系，如果把生产资料和生活资料都集中到自己手里，并获得支配权，那么它也就完成了对社会的彻底控制和充分统治。任何不自己掌握生产资料、生活资料或远离生产资料、对之无力发表有效见解的社会阶级，根本不可能是一个有权威的阶级，更不可能成为社会的主人。因此，这里的权威可以区分为专制和民主两种性质截然相反的政权形式。专制就是保证占有生产资料的个人或极少数人拥有统治社会的政治权利，使少数人的意志上升为国家的最高意志。民主则相反，它以确保多数人的利益和政治权利为根本内容，把多数人的意志确认为国家的最高意志。但在阶级社会中，民主不可能是超阶级的，它只是一定阶级进行统治的国家形式，这种形式与专制独裁所不同的，只在于它承认统治阶级的所有成员都享有管理国家的平等权利。

我们来简单分析一下各个阶段民主制度形成和发展的大致脉络，就可以知道，绝对的、纯粹的民主是没有的。人类阶级社会任何政治形式的权威无不烙上各阶级的印记。

原始民主，是人类社会最先出现的民主，它存在于原始社会即氏族社会之中。它是原始共产主义制度的一个重要方面。在氏族公社这个集体里，人们都是出自于同一个祖先，没有剥削，没有压迫，人们共同劳动，共同消费劳动产品。每个人都是平等的和自由的，只有辈分、老幼、男女的不同，没有上下、尊卑、贵贱之分。每个氏族成员都是独立的、所有的人，只要不违反共同的生活习俗和传统习惯，都不会受到别人的侵犯和干涉，每个人都享有同样的权利，担负同样的义务。氏族酋长同样是集体中的一员。原始民主的基本特点或根本原则就是由氏族的全体成员自己管理氏族社会生活中的公共事务，充分体现了原始社会人们相互之间的平等的社会关系。由于氏族的生产资料属于社会共有，全体成员都是生产资料的主人，因而也是社会的主人，享有平等地管理社会公共事务的权利。尽管现代人们对于民主的理解加入了更加丰富的内涵，在今天看来，这种原始民主制不免显得简单甚至粗陋，但毕竟是人类历史上的一次也是最早的一次在完全平等基础上的探索。

随着社会生产力的发展，人类进入了阶级社会。所谓阶级社会，就是在生产资料私有制基础上出现的阶级压迫和阶级剥削的社会，即一个阶级统治另一个阶级的社会。与此相适应，作为国家形态的民主制度，也具有了鲜明的阶级性。它不再是社会全体成员的民主，而成为统治阶级内部少数人的权利，其实质是专制。但是当埃及的法老、中国的皇帝、巴比伦的国王、波斯的君主、印度的祭司贵族们正在对他们的臣民们行使至高无上的权力时，希腊城邦的公民们却在公民大会上自由地讨论国家大事。根据一些传统的观点，民主的发源地是古希腊的城邦。世界三大权威的百科全书之一的《科利尔百科全书》说："像所有其他每一个西方政治概念和实践一样，民主起源于古希腊。民主首先在古希腊，特别是在文明主导者的雅典发展出来的。"《简明不列颠百科全书》也把民主制的发源地确定为古希腊。我们暂且不去讨论这种观点的对错与否。《伯罗奔尼撒战争史》一书，记载着雅典民主时期的伟大英雄伯里克利在阵亡将士国葬典礼上演说："我们的制度之所以被称为民主政治，因为政权在全体公民手中，而不是在少数人手中。"美国学者布里采夫说："雅典民主制意味着广大公民直接参与政府各项活动。法律由民众大会制定，执政官由抽签选出轮流执政，甚至诉讼案也是在大厅当众审讯后直接投票裁决。""公民不断参与政治是雅典民主制的表征"，"这种人人关心政治生活的盛况大概是后世无比的"。雅典国家大约产生于公元前8世纪。建国之初，氏族贵族居于统治地位，贵族会议是最高权力机关，政权掌握在九个执政官和贵族会议手中。贵族会议中贵族享有的权利不仅平民无权享受，就连贵族阶级的一般成员也望而兴叹，贵族特权阶层滥用权力的结果，不仅引起了平民的反对，也遭到工商业奴隶主的反对。为了削弱贵族特权阶层的权势，使一般贵族能够参与政治活动，公元前 621 年，司法执政官德古拉制定了雅典第一部成文法"德古拉法典"。这就是史称的德古拉改革。它一方面起到了号召中等阶层的公民争取民主权利的作用。公元前 549 年，梭伦当选为雅典的首席执政官。他一上任就推行政治和经济变革，大大缓和了当时各个阶级之间的尖锐矛盾。比如他采取措施赋予地位最低的第四等级在公民大会上有发言和投票的权利，使雅典民主制获得了有力的群众基础。一切官史都是在公民大会上选出的，并要在公民大会上报告自己的活动，一切法律也都通过公民大会来制定。第四等级在公民大会上占多数，所以没有第四等级的同意，任何人都不能执掌权力。恩格斯在评价梭伦改革的意义时指出，在"其后 80 年间，雅典社会就逐渐采取了一个它在以后数百年中都遵循着的发展方向"。公元前 509 年，雅典奴隶主新阶层的政治家克里斯提尼，进行了一场比较彻底的消除氏族贵族势力的改革，最后完成了雅典的奴隶制城邦民主，使雅典民主进入了一个新阶段。恩格斯指出："这时，党派斗争在进行着；贵族想夺回他们以前的特权，并在短时期内占上风，直到克里斯提尼革命时（公元前 509 年）才最终被推翻"，"最终的结果是雅典国家。它是 10 个部落所选出的 500 名代表组成的议事会来管理的，最后一级管理权属于人民大会，每个雅典公民都可以参加这个大会并享有投票权；此外，有执政官和其他官员执掌各行政部门和司法事务。在雅典没有总揽执行权力的最高官员"。

公元前 492 年，波斯人入侵希腊，开始了长达半个世纪的希波战争。这场战争使雅典的军事实力大为提高。公元前 443 年至公元前 429 年，民主派领袖伯里克利连任雅典首席将军，成为雅典的最高统治者。他对克里斯提尼的改革进行了完善，比如最高权力机关公民大会实行直接民主，而不是一个代议机构，所有 20 岁以上的男性公民均可出席公民大会，并享有平等的政治权利。为了使贫穷的公民也能担任公职，公民大会按天数发给与会者一些津贴。民主在这里达到空前的完善，从而开创了"希腊的内部极盛时期"，出现了被史学家们称道的"伯里克利时代"。但伯里克利之后，雅典的民主制开始走向衰落。到公元前 4 世纪下半期，雅典被马其顿吞并，它的民主制也随即宣告结束了。

资产阶级民主制的建立，是对封建君主专制的否定，是人类文明的一大进步。在封建社会末期产生和发展起来的资本主义经济关系，要求打破行会制度的束缚，发展贸易自由；要求取消封建君主的种种特权，实现商品生产者的平等权利。所以资产阶级启蒙思想家提出"自由、平等、博爱"和"人人在法律面前平等"的民主口号，反对封建专制制度和封建等级制度。新兴的资产阶级在同封建势力的斗争中，正是利用这些民主的口号和旗帜，在农民的支持下，夺取了政权，把民主制度作为实现自己统治的国家形式，并不断使之完善，形成了一整套资本主义的政治制度。比如，资本主义国家普遍实行的普选制和议会制，实行行政、立法、司法三权分立的制度。与普选制和议会制相适应，还实行通过选举轮流执政的多党制，议员由公民选举产生，总统则由公民直接选举或由公民选出的选举人投票产生，定期改选轮换。公民在言论、出版、集会、结社等方面也有较之奴隶社会和封建社会更大的自由。在一些资本主义国家的宪法和法律条文中，宣称"国家权力属于人民"，"在法律面前人人平等"等等。资本主义社会的民主制度同它以前的民主制度一样，不是抽象的，而是具体的，是建立在资本主义经济基础之上的资产阶级的民主。资产阶级占有生产资料，这就决定了他们是社会的主人，通过资产阶级的国家机构，按照资产阶级的阶级意志实现对资本主义社会的统治，实现资产阶级的阶级利益。事实上，资产阶级民主对劳动人民来说是一种虚伪的民主。它在口头上宣称自己是"超阶级的"、"全民的"民主，在形式上冠冕堂皇地宣布各种自由和权利，而在实际上却限制无产阶级和劳动人民充分享受这些自由和权利。以资本主义选举制度为例，现代资本主义国家在选举资格上已取消一些限制，不讲什么财产差别了。但是财产和金钱在选举中仍是一个决定因素。一些资本主义国家的竞选费用逐年提高，达到惊人的数字。在那里，有钱就有民主，有多少钱就有多少民主，没有钱就没有民主。这就决定了资产阶级的民主始终是而且在资本主义制度下不能不是狭隘的、残缺不全的民主；不能不是对富人的天堂，对被剥削者和穷人的陷阱和骗局。津巴布韦总统穆加贝曾严厉地批评西方民主，称西方在民主问题上没有资格教训津巴布韦或非洲其他国家时说："西方不能给我们上民主课，因为西方实际上对我们来说是最坏的教员。当他们作为殖民主义者呆在这里的时候，他们从未告诉我们要免受压迫、歧视、种族主义、贫穷、饥饿和疾病。"①西方利益集团强加给一些非洲国家的"民主"是导致这些国家政局动荡的根源。近年来，在非洲中部和其他地方数百万难民的出现以及他们所遭受的苦难并非偶然，种族间的仇视和冲突实际上由"无形的手操纵着"。这些干预无论以纯粹的社会服务形式，还是以其他形式出现，都是以西方利益集团的"国家利益"为基础的。西方利益集团在非洲大肆推行"西方式民主"，给一些非洲国家开出的"灵丹妙药"包括：在90％的人不识字和传染病严重蔓延的国家实行多党执政和自由选举。他们打着"解放、民主和自由"的旗号在安哥拉、利比里亚、塞拉利昂和扎伊尔等国制造了一个又一个悲剧。新世纪以来，西方利益集团假借"民主、人权、反恐"等旗号，重返非洲掠夺资源。为了达到牟取暴利和掠夺自然资源的根本目的，西方利益集团听任一些局部冲突的蔓延和扩大。只要不危及自身的经济利益，他们对平民百姓的痛苦视而不见。与此同时，他们又以昂贵的价格向冲突各方出售军火，派出雇佣军。他们的军火工业流淌着贫穷的非洲国家大批平民百姓的鲜血。正因此，津巴布韦总统穆加贝近日又呼吁警惕西方重返非洲掠夺资源，说"一个高度依赖外资的国家与被殖民无异"。②古希腊民主和资产阶级民主的局限性，就在于没有真正保证社会中大多数人对少数人行使最终

①　1997年津巴布韦总统穆加贝接受津巴布韦《星期日邮报》记者采访。
②　2013年5月5日新华网。

的决定权、支配权和监督权。从本质上说，它们都是剥削阶级的民主。

无产阶级民主作为一种新型的民主，高于其他民主的最根本的地方，就在于彻底推翻了私有制，即消灭了人剥削人、人压迫人的社会制度，建立了人民群众当家作主的政治制度。社会主义民主，是社会主义的根本政治制度，它是全体人民在共同对生产资料享有不同的形式的所有权、支配权的基础上，享有管理国家事务和说话事务以及一切权力，这是社会主义制度的本质所在。从国体角度来看，社会主义民主表现为由广大人民掌握国家政权，实行政治统治。社会主义民主是在社会主义革命胜利后，消灭了生产资料的私人占有形式，社会的绝大多数成员即广大劳动人民成为生产资料的主人，因而也成为自己命运的主人，自己有权管理自己的国家，真正当家作主。这就为劳动人民维护自己的权利和利益提供了客观现实性。我国宪法规定："中华人民共和国的一切权力属于人民。"这意味着社会主义国家的本质是民主的。根据马克思主义的经济基础决定政治上层建筑的基本原理，没有经济上的平等权利，就不会有政治上的民主权利。只有在社会主义公有制基础上，人民民主权利才能真正体现出来。从政体角度看，社会主义民主表现为广大劳动人民按照集中制一方面同官僚主义集中制的原则组织起来，行使选举国家最高权力机关，同时广泛地参加国家管理工作的权利。在社会主义社会里，社会的发展方向和进程与绝大多数成员的利益和要求是一致的，它是广大劳动人民意志的反映。因此，这就为广大人民参与国家管理提供了客观基础。"民主意味着在形式上承认公民一律平等，承认大家都有决定国家制度和管理国家的平等权利。"

广大人民享有广泛的民主权利，这是社会主义民主的一个方面；另一方面，广大人民必须对社会主义民主制度的敌对分子实行专政。社会主义民主制度就是民主与专政的有机结合和辩证统一。这是符合马克思主义民主原则的。其实，纯粹的、绝对的民主是没有的，历史上任何剥削阶级社会的民主制度，都是对少数生产资料占有者阶级的成员实行民主，对广大人民实行民主，对极少数敌视社会主义的人实行专政。一方面是民主，一方面是专政，这是任何一种社会制度的不可分割的两个方面。把民主抽象化，要求"绝对民主"或"纯粹民主"和把民主与专政对立起来的倾向都是幼稚的、错误的。

恩格斯在 1871 年 12 月 30 日致拉法格的信中指出："没有权威，就不可能有任何一致行动……没有这种统一的和指导性的意志，要进行任何合作都是不可能的。"[①] 这是马克思主义创始人在批判反对一切权威，把权威和自由绝对对立起来的无政府主义过程中所提出来的革命原则。很明显，这里的权威是以服从为前提的思想意志的集中统一。无论在现代的经济生活，还是政治生活中如果离开了权威，也就是离开了集中统一，一切社会组织的正常运行都是不可想象的。

早在 19 世纪五六十年代的工人运动中，马克思主义创始人就为民主集中的指导原则奠定了思想基础。列宁在 1906 年

---

① 《马克思恩格斯全集》第 33 卷，人民出版社 2004 年版。

正式提出了"民主集中制"的概念，后来又指出："我们主张民主集中制。但是必须认清，民主集中制一方面同官僚主义集中制，另一方面同无政府主义的区别是多么大。"列宁十分明确地把指导革命阶级进行行动的民主集中制同专制集权和无政府主义区别开来。毛泽东以马列主义为指导，结合中国革命的斗争实践，把民主集中制概括为"在民主基础上的集中和集中指导下的民主"，又指出，"民主是对集中而言，自由是对纪律而言。这些都是一个统一体的两个矛盾着的侧面"。① 民主集中制原则从提出到逐步完善的过程，就已揭示出在无产阶级革命运动的各个不同历史时期，无产阶级的领袖都十分强调"权威"、"集中"和"民主"的辩证统一和不可分割性，就是因为历史已经表明任何历史都不是绝对的，都不能离开权威和集中的指导。问题只是在于各个不同历史时代的民主都有自己的阶级属性和权威指导形式罢了。各个历史时代实现民主要求的途径虽然不同，但无不是通过集中代表各自阶级利益的组织形式反映出来的。如果没有这种权威起集中统一的作用，任何民主要求都不可能形成组织的力量，因而任何组织目标的实现就只能是空谈。

无产阶级政党和国家机构的组织原则就是民主基础上的集中和集中指导下的民主的有机结合。广大人民在经济政治和文化领域的一切民主要求都是通过共产党的集中统一领导实现的。事实证明，离开了这一原则或只强调一方面而忽视另一方面，就不能形成统一的意志，任何组织就不会有力量。

---

① 《毛泽东文集》第 7 卷，人民出版社 1999 年版，第 209 页。

曾一度流行的"新权威主义",宣扬通过推行政治强人的集权,来推进经济现代化和所谓的政治民主化。他们只强调信集权,来推进经济现代化和所谓的政治民主化。他们只强调集权,赋予"开明君主"以极大的权力,并以此来统一认识,统一行动。而把民主理解为与秩序相对立的某种无政府主义状态和过去群众运动中所表现出来的"大民主"状态。不论其出发点如何,就通过什么途径用新权威来消除旧权威,而保证新权威不重蹈旧权威那种家长制、无限权力、至高权威、"朕即国家"的覆辙这一点就令人怀疑。孟德斯鸠断言:"一切有权力的人都容易滥用权力,这是万古不易的一条经验。"

其实,在中国历史上历来不乏个人的绝对权威。正是这种绝对权威即与专制主义的传统,成为新权威主义的文化基础,而它的理论基础则是舶来品。马基雅维里和霍布斯的集权专制思想早在半个多世纪以前就舶来中国,一般来说,集权专制,即无制约的权力或特权,它总是将自己的意志和权力绝对化,而视剥夺他人的一切权利为自己的绝对权力。这种情况在历史上绝不少见,但其结果如何呢?中国历史上的专制统治给中国社会造成的长期混乱和动荡不安且不说,在世界历史上,索摩查、特鲁西略、博萨卡、吴庭艳、马科斯等多少专制者不但没有给本国带来稳定和繁荣,甚至连他们自身的命运也无法改变。现在来看看欧洲的情况。从12世纪到17世纪工业革命爆发这一段时期内,专制与自由的关系决不是人们所想象的那么浪漫。恰恰相反,民主与专制的不断较量和斗争一直伴随着这一历史时期,它在英国的具体表现就是现代西方民主政治诞生过程中所扮演的角色绝非个人自由和经济自由的保护者，而是这种自由的妨碍者。倘若专制王权保障并发展了个人自由和经济自由，那么英国资产阶级革命这个开创历史新元的伟大历史事件岂不成了毫无根由的闹剧吗？因此，权威无论新旧，离开了民主，就必然导致专制主义。就是在标榜"民主"的现代西方社会，由于缺乏真正的民主监督而导致政治腐败现象也屡见不鲜。在谈到如何堵塞因专制导致政治腐败之路时，毛泽东早就指出，我们已经找到了这条路，这就是民主，"只有让人民来监督政府，政府才不敢松懈。只有人民起来负责，才不会人亡政息"。列宁指出："无产阶级所以能够而且必然会成为不可战胜的力量，就是因为它根据马克思主义原则形成的思想统一是用组织的物质统一来巩固的。"这个组织物质力量就是民主集中制。民主集中制是无产阶级政党和国家政权的组织原则，是保证群众、阶级、政党和领袖之间正确的相互关系，保持党和群众密切联系的正确途径和方法。如果没有权威和集中，而处于极端民主化状态，就无法形成统一的意志，任何组织都不会有战斗力；同样，没有民主，就不可能有正确的权威和真正的统一，也就谈不到有坚强的战斗力。因此，不可能没有权威，也不可能没有民主，二者相辅相成，这就是权威与民主的辩证关系。

十　权威与法律

　　不同的权威，在性质、特点、影响力和重要性上有很大的区别。在所有的权威中，总有一个群体存在所不可或缺的总的权威，这个权威，在人类社会的前期，可能是氏族或其他血缘群体的首领所代表的权威，在阶级社会里，则体现为国家的权威或君主的权威。法律和权威的关系，只能在后一种情况下进行论述，而这一关系的核心是法律与国家权威之间的关系。

（一）两种法律观及法律的实质

　　法律，一般指由国家机关制定或认可，并以国家强制力保证实施的一种特殊行为规范的总称。它允许人们做什么，要求人们做什么，禁止人们做什么。它既是一种国家的规范，又是一种社会规范。它出之于国家，实施于全社会。法律表现为国家意志，那么，其实质如何呢？在这个问题上有两种截然不同的观点。

　　一种为"公意论"。认为法律代表的国家意志实质上是全社会的共同意志或公共意志，它是体现全体社会成员利益的规范性准则。在这里，"公共意志"不同于"公众意志"，前者是指全体社会成员意志中的共同部分，后者是指公众意志的简单相加。在纷纭复杂甚至相互冲突的公众意志中，经过一定的政治程序，提炼出体现全社会根本意志和利益的公共意志，用以规范和指导整个社会的运转，约束和制裁违背公共意志、侵犯公共或个人合法权益的行为，这就是法律。以法律作为整个社会人们追求个人利益的游戏规则，根除任何强力者的个人意志对公共事务的任意裁判，这样才能形成一种理想的法治社会。这是西方学者的一般观点。他们认为，只有在公开选举的民主制度下，法律代表公意才具备充分的现实条件。而在西方现行的民主制度下，法律正是公意的代表，在原则上，它对所有的社会成员是一视同仁的。

另一种是"阶级论"。马克思主义认为，法律是国家机器的一部分，它和国家一样，是人类社会发展到一定历史阶段的产物，是阶级统治的工具。在阶级产生以前，人类社会的某个群体可能存在一定的公意，但那时还没有法律，支配人们行为的准则主要还是习惯和信仰。人类进入阶级社会以后，在利益上根本对立的各个阶级，不可能在一些基本问题上形成公意。人类的一部分甚至绝大部分，在相当长时期内是被剥夺表达意志的权利的，法律不但不能代表他们的意志和利益，相反是在维护压抑他们的意志、侵害他们利益的关系、制度和秩序。从根本上说，法律只能是统治阶级意志的体现。它由统治阶级的物质生活条件所决定，反映统治阶级的意志和利益，建立和维护有利于统治阶级的社会关系和社会秩序，是实现统治阶级专政和进行政治统治的手段和工具。

　　在体现阶级性质的程度上，法律可分为两个层次。第一个层次是决定国家权威的特点与性质，规范基本的政治、经济、社会制度，集中体现统治阶级意志和利益的法律，这是所有法律中最本质的、决定性的成分，它支配着其他任何法律的特点和地位。另一个层次是其他普通的、规范社会、文化生活、民事活动等的法律，它受前一层次法律的支配，体现出相对中性的特点，甚至不同社会制度具有类似甚至相同的规定。但是，由于主要法律的不同，即使类似的规定，在不同的社会制度下，法律的实际意义也有很大的差别。譬如，同样是保障公民依法维护自身利益的权利，在资本主义社会，由于诉讼费用太高，许多穷人有理打不起官司，经济障碍使得美丽的画饼无法充饥；而在社会主义条件下，则通过低价、法律援助等方式使这种保障更切实、完善。所以在讨论法律问题时，必须首先弄清制定法律的国家权威的性质；而在谈论权威与法律的关系时，也必须破除"公意论"的干扰，透过法律广布于全社会这一表象，从本质上来认识法律所出自的权威和权威所依据的法律。

（二）公共权威的异化与法律的诞生

　　权威和人类社会的形成相伴随，而法律是人类社会发展到一定历史阶段的产物。那么，权威和法律究竟是在什么样的历史条件下发生关系的呢？

　　在原始社会，人类的生产能力极为低下，人们以血缘关系为纽带，过着群体性的生活。土地和其他一切生产资料公共所有，共同劳动，共同消费，几乎没有剩余。这样的组织叫氏族公社。在氏族公社里，长老依靠大家共同的信仰和习惯来解释和执行氏族赖以存在和运转的规则，体现着这一群体中最高的权威。这时，权威的性质是公共性的，是为氏族的存在和群体的利益服务的。它没有什么特权，完全靠公道和威望而赢得大家的信任。在物质极为贫乏的条件下，稍失公允即可能危及氏族部分成员甚至整个氏族的生存，因而，对权威道德威望的要求是丝毫不能含糊的。这时，还没有作为强制性规范的法律存在。

原始社会末期，随着生产力水平的提高，开始出现剩余产品，并发生了人类历史上的两次社会大分工：第一次是畜牧业和手工业与农业分离；第二次是商业从各业中独立出来。随着社会分工的出现和生产工具的改进，劳动生产率大大提高。生产资料和劳动产品逐渐成为各家各户的私有财产。氏族首领利用其特殊身份和地位将全氏族对外交换来的物品窃为己有，日渐富裕；氏族中的少数富裕成员也通过高利贷、土地买卖、典当抵押等方式积聚财产，在氏族中出现了拥有大量剩余财产的特殊阶层。随着社会分工的发展和生产规模的扩大，不仅对劳动力的需求上升，而且通过强迫他人劳动，剥削其剩余产品成为有利可图的事情。原来氏族或部落冲突之后，战俘全部杀掉，现在不仅有能力供养战俘，而且强迫战俘劳动可以积聚更多的剩余。同时，氏族内部的穷人因负债累累而境况日下，最终被迫委身于人，为有财有势的债主劳动。这样，人类历史上首次出现了两极分化：一极是占有生产资料并强迫他人劳动的奴隶主，另一极是一无所有，被迫为奴隶主劳动，没有丝毫人身自由的奴隶。这就是奴隶制。

随着奴隶制的诞生，人类社会的基本关系发生了根本性的变化；生产资料的公有制被私有制所取代；人与人之间平等互助的关系被压迫与被压迫、剥削与被剥削的关系所替代；血缘关系的纽带被以地缘为疆域的统属关系所取代；一夫一妻制取代了其他类型的婚姻家庭制度而成为私有制下的主导性制度。与之相应，物质生产和精神生产、生产者和生产资料、生产和分配等发生了分离，开始出现富有者和贫穷者、管理者和被管理者之间的冲突和对立。在此情况下，原有的氏族组织及其规范已经无力控制社会，氏族权威发生了质变。旧的规范体系纷然瓦解，占有生产资料和奴隶的奴隶主，为了维护自己的既得利益和统治地位，开始寻求新的力量和规范，以保障现行秩序的稳定。这时，通过部分地改造旧的氏族权威，部分地设立新的机关，一种代表奴隶主阶级利益、专门从事社会管理的新的公共权力机关——国家开始出现了。国家的诞生，标志着氏族社会原有的公共权威已经发生彻底的异化，它已经从全社会利益的代表力量蜕变到了控制社会的力量，完完全全站到了社会大多数成员对立面，成为少数人维护自己的经济利益和政治统治的工具。随着国家的诞生，原来维系社会的习惯与规范被由奴隶制国家所颁布的强制性的法律所取代。通过法律，把新的社会关系和行为规范确定下来，使奴隶主的压迫和剥削合法化，使奴隶的不满和反抗受到约束。同时，也使得社会不至于在两大阶级无休止的对立与冲突中衰亡。

总之，法律是人类历史发展到一定历史阶段的产物，它是伴随着国家的诞生而产生的，它和国家一样，是原始社会末期生产力发展所带来的公共权威异化的结果，它出自新的国家权威，同时又为一切新的权威服务。其本质是由当时国家权威的性质决定的。它是国家机器的一个重要部分。

（三）国家权威、革命权威与法律的根源

国家形成以后，便成为人类社会中最高级、最普遍、最具强制力的权威。这一权威要通过一定的形式来体现。按照马克思主义观点，国家权威和以前的公共权威相比，最基本的特点就是拥有法律、监狱、军队、警察等强制性的国家机器。纵观人类历史，从奴隶制国家、封建制国家到当今的资本主义国家，以至社会主义国家，其他方面可以千差万别，拥有规范社会的强制性法律却是它们可以称其为国家的共有特征。可以说，国家权威和法律相生相成，不可分割。

首先，法律的产生以一定的国家权威的存在为前提。任何一个阶级，要想使自己的意志上升为法律，必须首先夺得对国家权威的支配权。法律是依靠国家权威来颁布和保障的，很难设想，支配国家权威的阶级会违背自己的切身利益，颁布和实施对自己的敌对阶级有利的法律；同样，一个对国家权威缺乏支配权和影响力的阶级，要想使自己的意志成为法律的一部分，也几乎是不可能的。资产阶级在夺取政权以前，虽然在财富上已经相当富裕，但作为第三等级的一部分，其影响政治的力量是十分有限的。只有经过不同形式的资产阶级革命，由资产阶级掌握了国家权威，才有可能颁布类似于"人权宣言"之类的资产阶级宪章和法律。在现实生活中，任何群体或个人，要对法律有所影响，必须依照一定的程序

掌握或影响国家权威。脱离开国家权威这个环节，法律的改变甚至法律的存在都是不可思议的。

其次，国家权威的性质和法律的内容一样，根源于统治阶级的现实的物质生活。法律的内容既不是"天赋"的，也不是"神示"的，更不是来源于全体民众的"公共意志"，它和国家权威的性质一样，来源于统治阶级的现实的物质生活。历史唯物论认为，经济基础决定上层建筑，上层建筑对经济基础有反作用。构成经济基础的，是由生产力和生产关系所组成的生产力方式的总和。在任何一个时代，决定国家性质的本质的，是支配经济基础的主导生产方式。人类历史上不同社会形态的依次更替以相应的主导生产方式的变化为标志。在主导生产方式中，居于支配地位的阶级，或迟或早地要成为政治上的统治阶级，国家权威的性质，最终总是要和生产关系的性质及要求相一致。因而，由国家所颁布实施的法律，只能反映不仅在经济关系中居于支配地位，而且掌握着政治统治权的阶级的意志和利益。从历史上看也正是这样，从奴隶制时代的"汉谟拉比法典"、"十二铜表法"等剥夺奴隶的基本权利，到资产阶级法律规定候选人的财产基数等，莫不从占据政治、经济统治地位的阶级利益出发制定法律。在中国古代，更有对普通百姓"严刑峻法"，对封建官僚却"施之以礼"，即所谓"刑不上大夫"的理论和做法。总之法律的内容反映着国家权威的性质，反映着统治阶级的现实的物质利益和关系。它是维持这种权威和利益的工具。

最后，国家权威的任何变化都会反映到法律上来。要改变法律，必须改变国家权威。同样，国家权威的任何变化，也必定会通过法律的变更反映出来。从大的方面说，随着社会生产力的不断发展，旧的生产关系会日渐成为生产力发展的障碍，代表新的生产力的力量或阶级，迟早要由对旧的生产关系有不满发展到对代表旧的生产关系的整个统治阶级的不满，要由不断扩展自己的经济权威发展到要求夺取政治上的支配权。这种新的政治力量积累到一定程度，便不可避免地爆发争夺国家权威的革命或斗争。通过革命，国家权威发生了质变，旧有的法律体系即随着旧制度而被埋葬，新的统治阶级利用自己掌握的权力，重新制定对自己有利的法律。"革命权威"作为对国家权威急剧变更的一种表达，在法律的变化与发展史上是有着重要的地位和作用的。从一定意义上说，法国的"人权宣言"就是革命权威的产物。就小的方面而言，国家权威中代表人物的更替，立法机构里党派的沉浮，国家政治中的个别重要事件的发生及处理等，都可能对法律产生不同程度的影响。

（四）权威合法性、人治与法治

法律一旦产生，即以其相对独立的力量发挥作用。它不但规范社会行为，约束被统治阶级的自由作为，而且对统治阶级内部的关系也起着一定的调节作用，对权威的构成、运行和更替发生着影响。也就是说，在法律产生以后，权威的运行有了相对的依据和参照，其作为的合法性问题便提了出来。按照法律所规定的程序和原则来运用权威便成为人们对它的合理期望。违背既定的法律和人们相应的期望行事，权威的拥有者便要承担一定的风险。法律出自权威，反过来它又表现出制约权威的倾向，使得权威由于把规则授之于众而不得不承担违规的风险。这就是法律和权威关系的两面性，由此也不可避免地引出在运用权威时的人治与法治的关系问题。

之所以会出现上述的矛盾，是由于法律所代表的统治阶级的意志和利益是统治阶级的整体意志和利益，而制定法律和代表权威的，却总是具体的个人。一个人作为统治阶级的一员，其意志得到反映、利益受到保护，只是相对于被统治阶级而言的。在统治阶级内部，还存在着形形色色的阶层和利益集团，存在着五花八门的个人欲求，这些不同的集团和个人每时每刻都在发生着不同形式的利益冲突的矛盾。维护财产权利是所有奴隶主的共同利益，但扩大财产、吃掉别人的欲念却使每个奴隶主之间充满了敌意和暗算。同样，维护资本主义制度是资产阶级的共同愿望，但由谁执掌权柄、由谁来制定和解释法律，却使得资产阶级的个人常常为了争夺选票而相互诽谤、无中生有、颠倒是非、胡话连篇。这时，法律不仅保障了对它们共同有利的秩序的存在，而且为它们的内部争斗确定规范和秩序，使得暂时取得胜利而执掌权威的个人在无限扩大个人欲望上受到约束，使得相对的失落者避免自暴自弃、作出破坏性的事情来。

反观历史不难发现，无论在什么社会形态下，也无论于统治阶级还是广大被统治的民众，国家权威的执掌者明令颁行法律并依法行事，社会的运行就相对顺畅；反之，如果法制不明、有法不依，权威执掌者完全按个人意志和好恶运用权力，其道必暗世必衰。在后一种情况下，不仅民众的合理利益与命运无法保障，统治阶级内部大多数人的意志也受到压抑、利益受到威胁，最后连统治者个人的意志和利益也在对自我的任意放纵和破坏性表现中推到了悬崖边上。正是在无数这样的历史教训面前，人们日益深刻地认识到法律对国家权威正常运行的必要和重要。

马克斯·韦伯认为，从合法性来源看，人类社会的权威可分成三种：超凡魅力型权威、传统型权威及法律与理性型权威。超凡魅力型权威的影响力主要源于其超自然、超人的力量或品质。当社会出现混乱，原来的价值和信仰骤然崩溃，人们的心灵无所依归时，超凡魅力型权威便开始出现，它满足人们摆脱困境的渴望，给人们指出希望之路，以超凡魅力吸引人们的迷信和崇拜，在一定情况下能够带来人类社会革命性的变化。传统型权威是指其权威主要来源于自古以来就流传下来的神圣传统。法律与理性型权威则是指以法律为依据而存在和运行的权威，在这里，法律是至高无上的，而它所依据的法律，又是基于价值合理性原则，经协商或强制制定的。韦伯没有对他的三种权威排出一个固定的历史顺序，实际上，这三种权威在许多情况下是以不同的方式共存的。

但是，纵观历史不难看到，超凡魅力型权威和传统型权威主要存在于资本主义以前的社会。在这两种情况下，即使存在法律，权威受法律的约束也是十分有限的。一方面，这两种权威有自己独特的合法性来源，它们不需要通过法律来确立自己的合法性，相反，法律的效用还要依赖于它对这一统治工具的重视程度；所以，另一方面，法律本身在内容上就是不均衡的，它不是基于广泛的协商和讨论，更不是基于什么公认的价值合理性原则，而是基于权威自身的意志和感受，它约束大众，规范社会，却不会约束君主，自做缚茧。这就是典型的人治状态。在这种状态下，未必没有法律，但法律是权威的附从和仆人，它和大众一样，时常受到权威者主观意志的摆布：未必不会出现一时的盛世和成就，但这一切都是不可靠的，因为它纯粹系于权威者个人的脾气、能力和品性。

虽然这两种权威类型在人治的程度上有所差别，超凡魅力型权威更藐视法律和规范，但和法律与理性型权威相比，它在人治这一特质上是没有什么差别的。

法律与理性型权威主要存在于近代以来的社会。在这里，有完善的经协商或强制制定的法律规范，有依据等级原则建立的组织体系，法律的地位至高无上，无论领袖、官员或民众，都要受到法律的制约和束缚，在法律面前人人平等。即使是最高权威也要服从这一非人格的法律秩序，其任何决策和命令都要受到这一法律秩序的辖制。人们服从统治和命令，只是服从这一组织的法律和非人格的秩序，而不是服从统治者本人。所以，个人对权威的服从，仅限于法律秩序所承认的范围，它是有条件的，而不再是无所不包的。作为体系中的一员，权利和义务都是大致相当的。即使是统治者，其行使权威的时候，也同时接受了法律对其职位的相应的约束。这是一种纯粹的法治状态，在这里权威只有严格按法律办事才有威力。法律不再是掌权者的仆从，而成为任何后来的权威的合法性根源。

在法律与理性型权威下，权威的行为和组织的运行更加透明和可以预期，增加了合理性成分，同时也容易出现墨守成规和官僚主义。而在超凡魅力型权威下，容易打破陈规、制造戏剧性的变革和奇迹，却因其非常态和非理性而难以持久和常现。

在韦伯眼里，权威的合法性来源就是它的本质，这正是他的局限所在。对于打下江山的帝王来说，"成者王，败者寇"，谁来追问他的合法性来源，他要找个合法的托词又从哪里找不到呢？韦伯所分析的说到底也只能算是权威的三种典型形式，在研究权威的合法性以及人治、法治之类的问题时，不弄明白权威和法律的阶级本质，搔得再狠也找不着痒处。在剥削阶级掌握国家统治权的情况下，人治或法治只有相对的差别和意义。在人们的经济和社会地位存在着天壤之别的社会，根本没有条件形成真正的公共意志，在这种情况下，权威在形式上可以是合法的，然而它所依据的法律能否就真正彻底地合理公正呢？这才是真正的问题之所在。

（五）社会主义法律与权威

社会主义条件下，剥削阶级作为阶级已不存在，人民成了国家的主人，国家权威和法律的本质与以前有了根本的区别。社会主义国家是无阶级领导的，以工农联盟为基础的人民民主专政的国家。国家的绝大多数成员，作为人民的部分，享受着广泛的民主权利，只有少数剥削阶级的残余和新生的危害国家、侵害人民、反对社会主义制度的坏分子，受到国家权威的监督和制裁。和以前由少数人统治社会大众的情况不同，国家权威不再具有强权性质，而成为国家政治、经济、社会、文化事业的管理机构，成为为人民服务的社会公仆。同样，社会主义的法律，反映的是一种新型的社会关系，它根源于人民的现实的物质生活和创造，体现人民的意志和利益，保障有利于社会主义制度的存在和发展、有利于人民群众物质文化生活水平不断提高的政治、经济、社会和文化秩序。社会主义国家权威和法律的这种特有的本质和广泛的代表性是由社会主义国家的现实情况和阶级状况决定的。即便是代表了百分之九十九以上的人民的利益，我们仍不能说社会主义就是进入了无阶级的国家和无阶级的社会，社会主义的法律就是真正代表了"公共意志"。社会主义国家的性质——人民民主专政本身就是一种阶级性的表述。我们可以说社会主义的法律代表了绝大多数人民的意志和利益，却不能承认它代表了所有人的意志和利益，对社会主义法律咬牙切齿，对人民民主政权恨之入骨者并不乏其存在。这是在认识社会主义法律与权威的实质时必须要明白的。

社会主义作为一种崭新的制度，是在对资本主义及形形色色准资本主义旧制度的革命性斗争中诞生的。由于它打出了根除阶级压迫和阶级剥削的大旗，在本质上和历史上与所有的王朝更替、形态转换有了根本的区别。因而，在社会主义的诞生过程中，革命权威发挥了决定性的作用，通过它清扫了旧制度，废除了旧的统治阶级的陈规戒律，建立起了人民政权和新的社会秩序。社会主义法律是无产阶级革命权威向新的国家权威的转换中，在探索和建立新的社会主义生产和生活秩序的过程中逐步建立和完善起来的。由于新旧法律制度无法衔接，无产阶级在夺取领导权之前并没有成熟的立法经验，社会主义社会在诞生后和相当长一段时间内，有一个从人治向法治转换和探索的过程，在这个过程中，权威运行有可能出现不规范的情况，法律的某些方面也肯定会存在不成熟或漏洞，但是，这一切都是发展和前进中的问题。历史的教训只会使人们更加成熟。在社会主义确定了人民掌握国家政权的基本性质之后，逐步完善法律，确立法律的至上地位，使权威的运行严格依循法律所确定的原则，以法治代替人治，这一切从此具有了空前的重要性。法治和人治的区别，只有在社会主义社会才具有根本的意义。只有通过法治，才能避免国家权威运用中的随意性，才能避免权威的失控和异化，从而在根本上保障人民政权的稳定和人民利益不受侵害。

我国的社会主义制度是在落后的半封建半殖民地社会的基础上建立起来的，目前尚处在社会主义初级阶段，在相当长一段的时期内，我国社会的基本矛盾是落后的社会生产力与人民群众物质文化生活需要之间的矛盾，这一矛盾决定了我们的根本任务是以发展生产力为基础，以经济建设为中心，推动社会全面进步。社会主义社会权威的运行与目的必须服从于完成根本任务的需要。社会主义法律建设更要以促进社会主义社会的发展为依归。在当前，建立社会主义市场经济，完善相应的各项法律法规，实现国家权威职能的相应转变，是我们的重要任务。随着法制的完善和权威运行的规范化，社会主义社会各项事业的发展将更加持续快速稳定，社会主义法治将展现出人类法治的真正力量。

（六）法律的消亡与权威的变化

法律不是自古就有的，也不是永远存在的。和国家一样，它是一定历史阶段的产物，是生产力发展到一定程度的结果。同样，当生产力高度发达，物质无限丰富，人们的精神境界无限高尚，整个社会进入到一种自然的和谐状态，不再需要任何强制性的规范时，法律作为一种阶级统治的工具，将随同国家而一同消亡。这时，权威作为社会生活的伴生物将继续存在。它不再需要从法律那里寻求合理的解释，也不需要制定出强制性的法律文件来约束人们的行为。在法律消亡的过程中，权威本身也已经发生了质变，它的强制色彩日益淡化，威望和自然的成分成为主导，并最终成为其存在的绝对因素。

在未来的共产主义社会，人们不需要法律，但还需要非强制性的规范；人们不需要命令，但还需要指示和教化；人们不需要长官，但还需要权威。把法律和一切相关的强制性的工具永远地放到历史博物馆里，这将是人类之大幸；但是，只要人类还在过群体生活，权威就仍将存在。

十一　两种权威观述评

（一）无政府主义权威观述评

无政府主义作为一种政治思潮，产生于 19 世纪 40 年代，其根本特征是对国家和政府怀有敌视和恐惧心理，否认一切强制的政府，并把个人意志作为社会行动的最高决定因素。无政府主义的产生是与资本主义生产方式的建立和发展紧密联系在一起的。资本主义生产方式的迅速发展，使得传统的封建主义的生产方式迅速解体，大批的农民、手工业者、小业主被无情地剥夺了基本的生存手段，只好大量涌入城市，流落街头。这些被资本主义生产方式摧残得发了狂的人们，要求有一种帮助他们摆脱绝望境地的思想，来支持他们的行动。这样，无政府主义就应运而生了。

1. 无政府主义的代表人物及其基本观点

（1）施蒂纳及其无政府主义思想

麦克斯·施蒂纳（1806—1856），原名卡斯巴尔·施莱特，是德国一位破了产的小店主，同时，他还是一位默默无闻的青年黑格尔派成员，没有什么突出的活动和事迹。在青年黑格尔派内部黑格尔哲学体系的论证中，他站出来参加争论，发挥了关于伟大人物决定历史发展的思想，并把它绝对化了。1845 年他出版了他的重要著作《唯一者及其财产》，他在书中阐述的无政府主义思想轰动了当时的德国思想界，产生了非常广泛的影响，被迅速传播开来。这本书后来一直被无政府主义者奉为无政府主义的《圣经》，也有人称为"无政府主义者的宣言"。

施蒂纳的无政府主义思想主要有以下几点：

第一，个人绝对自由是无政府主义的核心。他认为，只有利己主义的个人才是唯一实在的、合理的存在物，是世界的"唯一者"，即"我"。除我之外，一切者是虚幻的，我就是一切，而且是高于一切的，我的一切行为者是绝对自由的。因此，我不受任何束缚和压制，不要任何服从。我的一切要求、意志和愿望，必须无条件地得到满足。凡是妨碍我的任何东西，不论是国家、社会、团体、人民、民族、祖国、人类、世界，都要把他们无情地消灭掉。凡同我的自由意志相矛盾的意识形态，诸如伦理、道德、法律、权利、义务、正义、真理等都必须坚决地予以反对和抛弃。

施蒂纳在其著作中鼓吹，"我"是世界的核心，是历史的动力，是世界本身，"我是造物主和唯一的创造物"、"我是核心"，"除我之外一无所有"、"打倒一切完全不是自己的东西，对我来说再没有什么比我更高的了"。他认为，我就是真理的标准。他说"我就是真理的标准"，"对我来说，不存在真理，因为任何东西也不能高于我"。

他认为："我才是一切法和权利的源泉"，"我是自己权利的创造者和掌握者，除我自己以外，我不承认任何别的权利来源"，"我不承认任何义务，既不束缚自己，也不让人来束缚自己。如果我没有义务，那我也就不知道有法律。"

施蒂纳认为，除我之外，不存在任何道德规范和共同生活准则，衡量世界事物的唯一标准是对我是否有用。他说："在我看来，你不过是一种食品，正如你把我当作食品并加以利用一样，我们彼此之间，只有一种关系，即相互有利、相互有用、相互有益的关系。"他认为人与人之间一切都是功利的关系。

第二，夺取权力是施蒂纳实现他的绝对自由的手段。他认为"世界是属于我的"，自由要以权力为后盾。他说："权力是一种好东西，它在一切场合都是有用的，因为一把权力要远胜过一筐权利。你想要自由吗？傻瓜！夺取权力，自由就会到来。难道你没有看到，谁有权力，谁就高于法律。"又说："只有当自由成为我的权力的时候，我的自由才是完全的。一旦得到了权力，我就不再仅仅是个自由的人，我将成为专制的我，成为所有主"，"如果我没有权力，东西就会从我手中溜走"，"我的权力所及的东西，就是我的财产"。夺取权力，是施蒂纳达到个人绝对自由的目标和手段。

第三，反对国家和政府。施蒂纳意识到，他想夺取的权力都在国家和政府的掌握之中，于是他喊出了"每个国家都是暴君"，"我向任何国家，甚至民主的国家宣战"。

对于政府也是一样。他认为，任何一种政府都是限制和支配个人的力量。他说："在每个国家中，不管是君主国、共和国或人民国家，都有一个政府站在我之上。不管哪一种对我都不好。"因此，不管什么样的政府，他一概反对。

第四，建立"利己主义联盟"的理想社会。施蒂纳反对一切国家、一切政府，那么他用什么来取代它呢？他想象建立无政府主义的"天堂"，美其名曰"利己主义联盟"。在这个联盟里，可以享受绝对的自由，可以确保自己的财产，实现自己的价值，增加自己的力量。按照施蒂纳的设想，"联盟"与国家不同的地方在于，国家是凌驾于利己主义者之上的力量，"联盟"则是利己主义者自己的工具和武器，国家利用"我"，"联盟"则为"我"所用。由此可见，施蒂纳并不真的不要政府，而是不要别人的政府，而是要求建立能为我所用的政府。

（2）蒲鲁东及其无政府主义思想

比·约·蒲鲁东（1809—1865）出生于法国东部贝桑松市郊区。1827年由于家境贫困，中学没有毕业就被迫离开学校走上社会谋生。1837年蒲鲁东发表了第一部神学和经济学著作《普通语法论》。1840年又发表了他的成名之作《什么是所有权？》一书。书中对资本主义制度的罪恶进行了尖锐的揭露，说"财产就是盗窃"，并宣扬"社会的无政府状态"。马克思说这是他最好的一部著作，但在经济学的严格科学的历史中不值得一提。1846年，他发表了被马克思称为"小资产者社会主义的法典"的《贫困的哲学》，对前书提出的问题作了真正经济学上的回答。1848年发表了《社会问题的解决》一书，提出通过"人民银行"进行社会改革的方案。1849年又发表了《革命家的自白》，进一步阐发他的无政府主义和改良主义观点。此后，他陆续发表了一些著作，继续重申著作中提出的观点。

蒲鲁东在自己的著作中，把无政府主义与改良主义集于一身，以典型的形式表明了动摇于资产阶级与无产阶级之间的小资产阶级思想家自相矛盾的惶惧心态。《十九世纪革命的总观念》是蒲鲁东无政府主义的代表作。

蒲鲁东无政府主义观点主要是：

第一，主张绝对自由。蒲鲁东认为"人类普遍理性"的最高要求，就是建立所谓"独立"、"平等"、"自由"的社会。他宣称："共产主义和资本主义所希求的东西是好的，但两者所招致来的东西都是坏的。""共产主义否认独立和比例性，资本主义则不适合于平等和法律要求。"所以，共产主义和资本主义都不合乎"理性"，而只有绝对的自由才是最理想的状态。他把自由说成是资本主义和共产主义的"合题"，是人类社会天然形式的适当表现。他给自由下了许多定义，例如"自由就是平等"，"自由就是无政府状态"，"自由就是无限的多样性"等等，实际上是鼓吹个人的随意性，个人不受约束、监督、指挥和惩罚。他认为只有这种个人绝对自由才符合正义的原则，符合人的天然权利，绝对自由既是他的无政府主义的理论根据，又是他所追求的社会理想。

第二，取消一切政府。他把国家、政府同个人自由完全对立起来，认为任何国家和政府都是违反自由法则的。他说无政府状态就是不容许有意志的统治，就是没有主人和元首。人们做政府的庶民，就必然要在思想和行动上失去自由。所以，不论是专制政府还是民主政府，不论是资产阶级政府还是无产阶级政府，都要一律废除。废除政府之后，社会将由体现理性和正义的法律来维持。在这种无政府的社会里，每个家庭都同自己的邻居订立契约，从而组成公社，每个公社再互相订立契约，从而结成社会团体，团体之间再互相订立契约，从而组成联邦。在这里，人们按照理性和指示，共同遵守天然的和社会的法则，于是就出现了一个他所幻想的既无政府又有秩序的社会。

第三，反对一切权威。他为了冲破资产阶级的压抑，改变小资产阶级的困难处境，极力反对一切权威，鼓吹个人至上，说什么个人至上同人类至上是一致的。他大喊大叫："不要权威！教会、国家、土地、金钱统统不要成为权威！"他的全部无政府主义观点，可以用三句话来概括：不要政党，不要权力，一切人和公民的绝对自由。

蒲鲁东的无政府主义理论在许多方面都是自相矛盾的。他主张绝对自由，可是在他的"联邦社会"里却还有死刑；他主张废除一切国家和政府，可是他还向政府乞求帮助，甚至向国王路易·菲力普表示愿意诚恳地高呼万岁；他反对一切权威，而自己却以最权威的救世主自居，马克思说他像一个教徒和教皇，无情地惩罚可怜的罪人。

（3）巴枯宁及其无政府主义思想

米哈伊尔·亚历山大罗维奇·巴枯宁（1814—1876）出生于俄国提威尔省托学克县耶穆隙罗村一个贵族地主家庭。他从小受到封建贵族的家庭教育，14岁时进入彼得堡炮兵学校学习，后到沙皇军队的炮兵部队中任军官。1836年他来到莫斯科学习哲学。后到德国和瑞士等国继续学习，在这期间受到施蒂纳和蒲鲁东无政府主义的影响，接受了无政府主义思想。他曾在《德国年鉴》上发表文章，喊出了"毁灭的欲望是创造性的欲望"的口号，表明无政府主义思想已在其思想中深深地扎下了根。

在1848年的欧洲革命中，巴枯宁积极参加了西欧和东欧一些国家的民主革命运动。革命失败后，巴枯宁思想上的无政府主义倾向进一步滋长起来。他说："无政府状态，破坏国家的时刻总归很快就要来临。""我对议会辩论很不感兴趣，议会生活、立宪会议、国民议会等等的时代已经过去了。"他认为，只有无政府状态才能拯救革命。所以，巴枯宁早期的某些无政府主义思想是1848年革命失败的产物。

巴枯宁1849年在国外被捕并引渡回俄国以后，屈服于沙皇专制政府的压力，写了《忏悔书》和《请求减刑书》，背叛了自己的民主立场，投降了沙皇政府。他辱骂革命，奴颜婢膝地吹捧沙皇，请求沙皇充当"全体斯拉夫的皇帝"，领导他们"去反对誓不两立的德意志人，而且向整个西欧方面前进"，并表示愿为沙皇政府的侵略扩张政策效劳。巴枯宁1861年逃到欧洲之后，一度继续鼓吹以沙皇为"首脑"建立泛斯拉夫联邦的主张，而且声称1861年的农奴制改革是"农民的沙皇"进行的一场"伟大的和平革命"。因此，泛斯拉夫主义或大俄罗斯沙文主义是巴枯宁无政府主义思想的一个重要特点。

巴枯宁的无政府主义，是1864年他来到意大利等地以后才系统提出来的。当时，欧洲正处于革命高涨年代，意大利则是一个资本主义经济很不发达的国家，小生产占优势，产业工人力量不强。巴枯宁在这里结识了一些业已丧失小资产

者地位的青年、侨民、手工业工人和游民。他认为正是这些
"赤贫无产阶级"身上，"包含着未来社会革命的全部智慧和
全部力量"，"社会革命在任何地方可能都没有像在意大利这
样临近"。可见，巴枯宁的无政府主义，是"失常的知识分
子或游民的心理状态，而不是无产者的心理状态"。

巴枯宁的无政府主义一开始就具有非常突出的从事实践
活动的特点。他在意大利等地，积极建立无政府主义的密谋
组织，进行密谋活动，他的无政府主义思想就是在为这些组
织起草的纲领和章程中提出来的。其中主要的有：《国际革命
协会的原则和组织》、《国际革命协会的纲领》、《联邦主义、
社会主义和反神主义》、《国际兄弟同盟的章程和纲领》等。
以后，巴枯宁在《巴黎公社和国家概念》、《上帝与国家》、
《国有制度和无政府状态》等小册子中，又把这些纲领和章
程中的思想加以发挥和系统化。

巴枯宁的无政府主义思想是一个七拼八凑的折中主义的
大杂烩，不过也有几个比较一贯的论点决定了他的思想特点
和实质。这主要是：

第一，抽象的人性自由论。

巴枯宁接受了欧洲资产阶级关于自由、平等、博爱的说
教，又赋予了"自由"这一概念以决定一切和包罗万象的性
质。他说，在他那里，"只存在一个唯一的教条，一项唯一的
法律，一个唯一的道德基础——自由"。在他看来，人原来不
过是一种生物，只具有兽性。人之所以为人，是因为他们比
其他任何动物具备两种更高级的宝贵能力——思想的能力和
反叛的欲望。他把这两种能力称为自由的属性，认为"自由

是人性的最纯粹的表现"。而人的劳动生产和经济生活只是与人的动物性相适应的，不是决定人性的东西。因此，人类历史就是"人性和发展对于人的原始的动物性的不断否定"，人类脱离了动物性的奴隶状态，经过神权和国家的奴隶状态，现在正在向获得和实现人类的自由进军。他说："自由或无政府状态，即工人群众自下而上的自由组织是社会发展的最终目的。"

巴枯宁在谈论自由时，拼命反对国家的、神权的、民族的、阶级的压迫、剥削和奴役。但是，他（1）不懂得剥削的根源；（2）不懂得社会在向社会主义发展；（3）不懂得阶级斗争是实现社会主义的创造力量。因此，他"除了讲一些反对剥削的空话以外，再没有提供任何东西"。

第二，反对一切权威的理论。

巴枯宁反对国家（政治权威），反对宗教（神的权威），反对一切权威。他说，真正的无政府主义就是这种意思。

巴枯宁首先否定和攻击一切国家。他认为，归根结底，"国家是通过神的万能威力的直接或间接的影响建立起来的"。他之所以鼓吹这种"政权神授论"是想证明："国家——任何国家，不管是君主国还是共和国——都是对人性的否定"，都不是自由的。国家的本质就是人对人的奴役、压迫和剥削。不管统治的形式如何，进行统治的将只是少数，而这少数人一旦享有特权就必然腐化变质，必然对多数人进行奴役和剥削。巴枯宁说，国家是一切历史祸害、人民堕落和被奴役的根源。就现代社会来说，资本家只是由于国家的恩赐才拥有资本。正是关于国家是主要祸害的观点导致他得出了必须炸毁一切国家的结论。

巴枯宁宣布奉行无神论，致力于废除宗教崇拜，反对神的权威。他认为宗教、神和上帝都是由于人的无知和轻信创造出来的，结果却成了人和人类社会的主宰，所以必须予以废除。巴枯宁的这种反神主义是从人类理性的无知与迷误这一点出发的。

巴枯宁把权威和服从看成是绝对坏的东西，而把自由、自治看成是绝对好的东西。他曾说，除了承认科学这个唯一的合法的权威之外，"我们宣告其他一切权威都是虚假、专横和极其有害的"。其实，他所承认的科学权威，也只是指他个人认识了的或自愿向别人请教的所谓"科学规律"。他反对任何科学家或科学家集体的任何"强加于人的权威"，尤其是反对马克思和马克思主义的科学权威。他说："每个人都在指导，反过来也在被指导，所以，并无一成不变的权威，而只有互相的、暂时的、首先是自愿的权威和服从的不断更换。"

第三，自发的群众暴动论。

巴枯宁提出，消灭一切国家，争取自由社会，只有依靠暴动和起义，除此外的任何政治运动都是反动的；只有暴动，"无论成功与否都是有益的"。

巴枯宁虽然也说，举行暴动和起义的力量是人民，是广大群众，但他认为只有"赤贫无产阶级"（即流氓无产阶级）才是暴动的主要力量。按照他的说法，"贫困"、"绝望"和"理想"是暴动的基本条件，如果抱着忍耐和服从的心理，即使贫困，"也不会起来暴动"。所以，必须和这种心理作斗争。此外，要使暴动超出少数人的范围和地方的局限性，必须有全民理想，即他所提出的自由的社会理想。当这种理想同把人民弄到绝望状态的贫困相遇的时候，暴动起义就是不可避免的，就是任何力量也阻止不住的了。

巴枯宁公然声言："人民起义就其本性来说是自发的、混乱的和残酷的，它始终是以损失和牺牲大量财产（不管是自己的还是别人的）为前提的。"所以，他的自发暴动论实际上是自发破坏论。他认为，"没有广泛和热情的破坏，没有起拯救作用和富有成效的破坏，就不可能有革命"。巴枯宁承认，集体行动和组织的力量，也要有领导，但他所谓的领导，"由群众团体和协作社的自发行动来实现和领导"，即由巴枯宁建立的密谋组织来领导。

第四，无政府的"自由社会"。

巴枯宁主张建立一个没有政府的、绝对自治的"自由社会"。这个社会应该废除生产资料私有制，实行集体所有制。创建把废除财产继承权作为社会革命的起点，然后，"通过自由联合自下而上地、而不是借助于任何权力自上而下地去组织社会和集体的所有制或社会所有制"。巴枯宁幻想中的财产制度的组织形式是工农业生产合作社。这种合作社，"不管它们的目的是什么，像所有的个人一样应当享有无条件的自由"。巴枯宁的所谓"不管什么目的"，其中包括"甚至为了相互腐蚀，为了剥削没有思想的人或愚蠢的人"。公社、省或者民族都无权采取强制性措施，而只能靠"社会舆论"去进行斗争。

巴枯宁主张在废除国家和一切权威的基础上，建立"自由的统一体"。这种统一体应当自下而上的自由联合，即公社联合成省，省联合成民族，民族联合成"欧洲联邦"，进而联合成"世界联邦"。按照他的泛斯拉夫主义思想，这个"欧洲联邦"或"世界联邦"的主张，实际上是在鼓吹建立一个大俄罗斯帝国。

（4）克鲁泡特金及其无政府主义思想

克鲁泡特金，是继巴枯宁之后国际无政府主义思潮的重要代表人物，因提出以"互助论"为理论基础的无政府共产主义而闻名于世。他的著作于19世纪末和20世纪初在西欧、北美、俄国和东方一些国家曾经广泛流传。

彼得·阿列克谢也维奇·克鲁泡特金（1842—1921）出生于莫斯科一个典型的农奴主贵族家庭。1857—1862年在彼得堡侍从学校上学的时候，怀着极大的兴趣阅读赫尔岑、车尔尼雪夫斯基等人的革命著作，逐渐形成了必须改革农奴制的思想。后来他在西伯利亚的赤塔地区进行了农奴改革的试验，拟订了各种改革方案，但是始终得不到沙皇政府的批准，改革遭到了失败。赤塔改革的失败，在克鲁泡特金无政府思想的形成中起了重要作用。他后来回忆这一段经历时说："在西伯利亚的几年给了我不少的教训，这些都是很难在别处学到的。我不久就明白要利用行政机关做一些有利于人民的事，简直是不可能的。"从此，我"完全丧失了对国家纪律的信仰。我已经准备做一个无政府主义者了"。

1872年是克鲁泡特金无政府主义思想形成史上的一个重要转折点。这一年2月，他来到欧洲旅行，结识了巴枯宁派的重要人物吉约姆和马隆等人，与巴枯宁派的核心组织汝拉联合会取得了联系，广泛接触拥护巴枯宁的工人和学生，阅读了各种无政府主义的文件和书刊，很快就接受了无政府主义。他后来说："汝拉联合会（尤其是巴枯宁）在一开始提出的无政府主义理论的观点，他们对国家社会主义的批评……已经引起了我强烈的共鸣……那时，我的社会主义观点已经最终确立，我已经成了一个无政府主义者了。"

此后，克鲁泡特金积极参加巴枯宁派的无政府主义活动，并形成了自己的无政府主义理论。他的理论主要集中在《一个反抗者的话》、《争取面包》、《田间、工厂和手工场》及《互助，进化的一个要素》等小册子中。他的以"互助论"为核心的无政府共产主义思想的要点有：

第一，他认为，人是社会的一部分，而社会又是自然界的一部分。人的本性就是与同类互助以获得其基本需要的本能，这是与动物相同的一种自然的本能。假如他不愿合作或被排除于社会之外，就说明社会在某处出了毛病，就必须通过斗争来加以改正。在人类历史上，人的互助的自然本能与违反这种自然本能的罪恶势力一直处于对抗的状态之中，这是善与恶两种势力之间的斗争。国家和政府就是这两种违反人的自然本能的罪恶势力，是一种高居于社会之上而且统治和奴役社会的人为的制度。另一种则是在不同时期分别称为自由城市、村庄和公社的自治团体，这是人们为了共同利益而结成的联盟，是与人的互助本性相符合的。

他说，西方国家的历史就是这两种组织之间不断进行斗争的历史。当前国家和政府已发展成为社会继续向前发展的最大障碍与威胁，它已不可能解决由于它本身的存在而产生的一切危机与混乱。现在摆在人类面前的任务就是要发动一场能一劳永逸地驱逐外来征服者的暴政的最后革命。

第二，克鲁泡特金认为，当代这场最终结束一切暴政的社会革命，是历史上符合人的互助本性的自由势力与人为的权威势力长期斗争的必然结果，是一场以争取平等和废除权威为目标的运动。这场即将发生的革命是社会性的、激烈的、自发的和遍及全世界的。这场革命不是一种政治上的夺权运动，它所要解决的基本问题是将社会财富分配给它的所有成员，把必需品和奢侈品从少数人手中夺来交给多数人。因此，这场革命必将是一场剥夺财产的运动，并且必将扫除一切生产机构和政府运动，彻底摧毁一切权威。

第三，克鲁泡特金说，"我们的最终目的"就是"彻底消灭资本主义和国家，而代之以无政府共产主义"。他认为，未来社会是无政府的社会。自下而上地建立联盟或联邦，是符合人的互助本性的一种制度。在这个社会中，所有的财产和生产资料都将为整个社会所有。劳动者和管理者的差别，工农业之间、脑力劳动和体力劳动之间的分工将不复存在。工人有权决定生产和经济生活。人人都将自愿地、不计报酬地为社会劳动，取消工资制度，"把需要放在劳动之上，首先承认生活的权利，然后所有参加生产的人享受福利的权利"。

2. 无政府主义权威观述评

从无政府主义的代表人物的观点来看，反对权威、蔑视权威是他们的共同特征。他们都从极端个人主义、崇尚绝对自由的原则出发，反对一切权威。其中尤其以巴枯宁主义为代表，恩格斯对他们进行了系统的批判。

巴枯宁主义者利用自己的宗派组织，建立了所谓的"反权威主义国际"，诬蔑马克思、恩格斯搞"权威主义"的"专政"，成了第一国际的"独裁者"。他们不仅反对政治权威，而且反对未来社会里的权威原则。他们认为，国际就是未来社会的萌芽，它应当实行自治和联盟的原则，摒弃任何将会导致权威主义和专政的东西。他们的公式是：权威＝国家＝绝对的祸害。

恩格斯在《论权威》一文中，彻底批驳了巴枯宁派的理论，阐明了马克思主义的权威观。

恩格斯指出，所谓权威，是指把一部分人的意志强加给另一部分人。它是以服从为前提的，权威和服从不是按照谁的主观愿望随意确立的，而是社会发展的客观要求，是近代社会化大生产中的联合行动和正常的社会生活所不可缺少的。在阶级社会里，政治权威总是同一定社会阶级的利益联系在一起的，无产阶级要想取得革命的胜利，就必须有无产阶级政党的领导，严格党的纪律，树立革命的权威。恩格斯指出："革命无疑是天下最权威的东西。"

在恩格斯看来，权威和服从不仅存在于政治关系中，而且贯穿于经济活动过程中。只要稍微研究一下经济关系和现代工业、农业的条件，就会知道，不强迫某些人接受别人的意志，或者说没有权威，就不可能有任何一致的行动。因为，人类的生产和经济生活，随着社会的发展而日益社会化。以资本主义生产为例，无论工业或农业，都有一种使分散的活动愈来愈为人们的联合活动所代替的趋势，分散的小作坊逐渐为拥有庞大工厂的现代工业代替，农业中的大农场代替了小自耕农，等等。就是说，联合活动、互相依赖的工作过程的复杂化，正在取代各个人的独立活动。而联合活动就要求组织起来。可是，不实行权威原则，组织起来就是一句空话。"想消灭大工业中的权威，就等于想消灭工业本身。"

恩格斯还强调指出，要正确看待权威和自治的关系，不能把权威或自治绝对化。他说："把权威原则说成是绝对坏的东西，而把自治原则说成是绝对好的东西，这是荒谬的。权威与自治是相对的东西，它们的应用范围是随着社会发展阶段的不同而改变的。"

20 世纪 20 年代早期之后，无政府主义作为一个有组织的政治运动，事实上已经接近死亡。目前在世界上的任何国家里，无政府主义者都没有多少市场。因为现代社会的历史发展表明，个人与集体、与社会、与国家甚至与全人类的联系越来越紧，地球成为一个大村庄，任何人如果离开了其他人的帮助，想单独生存下去都将尤其困难，更不要说去寻找什么个人的"绝对自由"了。人要想在社会中存在下去，就必须服从必要的权威统治，没有权威和服从，这个社会也就无法存在，用恩格斯的话："想消灭权威，就等于消灭这个社会。"

（二）保守主义权威观述评

保守主义作为一种政治思想可以说是历史悠久，影响深远，最早可以追溯到 16 世纪的英国宗教改革运动。我们这里严格地把作为一种政治思潮的保守主义与人们的天然的保守倾向严格地区分开来。作为一种天然的保守倾向，是历史上各个民族在各个历史时期都客观存在的一种自然现象。其根本原因在于人们天然地具有一种害怕变革，而对自己熟悉了的事物习以为常的思想意识。特别是在古代，由于人们认识自然、改造自然的能力低下，对于大自然具有一种天然的惧怕意识，人们在自然的灾害面前不知所措，不能够有效地保护自己。所以，对于一些变革天然地抱着反对的态度。如中国古代的"克己复礼"思想，"天不变道亦不变"的思想，"一动不如一静"的思想，认为人类"一代不如一代"的思想等，可以说都是天然具有保守倾向。无独有偶，这样的保守思想在古代英国的格言里也比比皆是："看清楚以后再跳"，"手中一只鸟抵得上林中数只鸟"、"一盎司事实抵得上一磅理论"，等等，都表示一种普遍存在的守旧情绪，他们拒绝了解新事物，认为它不是无用便是危险的。而且人们天然地不愿意动脑筋、想办法去了解新事物，尝试新事物。懒惰思想的普遍存在是形成人们守旧情绪的重要因素。

而作为一种政治思想的保守主义是由人们的守旧情绪发展而来的，但是与天然的守旧思想则有原则的区别。作为一种思潮，他们有自己的理论体系，有自己的行动方针，并且随着时代的发展而不断地更新着自己的形态，力图跟上时代发展的步伐。

1. 保守主义的发展过程

（1）保守主义的历史渊源

保守主义的出现，最早可以追溯到英国的宗教改革时期。16 世纪英国的封建王权为了加强自己的专制统治，进行了自上而下的宗教改革。1534 年 3 月，英王亨利八世以罗马教皇不允许自己与王后西班牙公主喀德琳离婚为由，促使英国国会通过《至尊法案》，宣布英国教会奉英王为最高首领，不再从属于罗马教皇；同时保留天主教的主教制、重要教义和仪式，建立了英国自己的国教会。1536 年、1539 年，亨利八世又接连下令封闭修道院，没收其财产。从此之后，英国的宗教改革虽然有过反复，但是英国国教毕竟脱离了罗马教会的控制，成为独立的教会，使国王与教会紧密地结合在了一起。在这场宗教改革运动中，出现了激进派与保守派的分野。克伦威尔和克兰默等较进步的人士投入要求改革的潮流并在这种潮流的冲刷下远离旧的宗教信仰，积极支持国王的宗教改革。而以托马斯·莫尔和诺福克等人为代表的守旧派则害怕宗教脱离罗马教皇的控制，害怕建立自己的国教会，不希望实行改革，由此产生了英国历史上最初的保守派。

亨利八世之女伊丽莎白一世即英国王位进一步深化了英国的宗教改革。她在不承认罗马教皇的权力和抵抗西班牙国王的同时，力图将新教运动限制在尽可能狭小的范围内。在否认罗马教皇的权威的同时，她力图在教会中保存天主教的信仰组织。因此，她同天主教徒和较进步的新教徒都不太融洽，作为一个典型的守旧改革者，伊丽莎白一世成功地将教会和国王结合在了一起：教会颂扬作为保护者的国王，而国王则用严厉的惩罚来强迫人们信从教会。从这一时期之后，支持国王和教会紧密结合的反改革的清教徒开始形成一个独立的组织，即后来被人们称为"托利党"的党派。从此之后，托利党的保守原则成为英国政治舞台上有效的政治力量之一，保守主义也由此萌芽。

（2）保守主义的正式出台

16、17 世纪的保守主义是分散的，没有组织成为有影响的政治团体。至多可以称守旧的倾向。在近代以前，严格的意义上的保守党派，是那些中间派。但是，中间派一直都是少数。保守派的正式出台源于对于 1789 年法国资产阶级大革命的不同态度。

18 世纪末，法国封建专制制度极端腐朽，严重阻碍了资本主义的发展，国内矛盾日益尖锐。1789 年 5 月，国王被迫召开三级会议，在人民群众的支持下，第三等级的代表展开了反对以国王为首的特权等级的斗争。7 月 14 日，巴黎人民举行武装起义，攻克巴士底狱，革命爆发。从 1790 年起，由于法国大革命及其原则的影响，英国的全部政治活动就分为两部分：那些断然反对革命运动的人在政治上形成了我们现在所说的保守党。在缔造和领导"保守主义"运动中，有两个人具有显著的影响，一个是皮特，另一个是埃德蒙·柏克。

一般认为，1790 年 5 月 6 日，柏克在英国下院委员会会议上，发表的一篇经过精心准备的关于法国问题的演说，标志着保守主义的诞生。此后，保守主义就成为英国政坛上一股正式的政治力量，对于英国的政治发展产生了巨大的影响，直到后来正式组成英国保守党。这一时期的保守主义可以称为传统的保守主义。

（3）20 世纪的老保守主义

到了 20 世纪，保守主义继续保持其影响，并产生了新的形态。这些保守主义者尊崇由马尔萨斯、李嘉图和曼彻斯特学派成员们的教导中产生的 19 世纪的政治经济学。也有一些保守主义者崇拜埃德蒙·柏克的幽灵，要求回到他尊重财产和尊重地产贵族的传统立场。他们无比怀念旧事物——旧家族、旧房屋、旧礼貌，特别是旧的阶级结构。还有一些保守主义者认识到 20 世纪的新酒不能装入 19 世纪的旧瓶。他们愿意基本上不作改变地继续保持 19 世纪的保守主义。这些保守主义理论上的代表人物是英国的弗里德里克·海耶克。作为保守主义在政治上的代表人物，可以列出美国总统赫伯特·胡佛和英国首相温斯顿·丘吉尔，他们二人生于同年，都不肯修改他们年轻时代流行的经济原则。

（4）新保守主义

20 世纪 30 年代以后，保守主义以一种新的特殊形式盛行于世，特别是在美国。新保守主义的倡导者对两次世界大战之间占优势的理想似乎深为失望。他们断然认为，社会主义、和平主义、经验主义、相对主义、唯物主义和利己主义都是强有力的腐蚀剂，破坏了通往文明中心的道路。依照他们的看法，这些因素是造成法西斯主义流行、第二次世界大战爆发和苏维埃共产主义威胁西方世界的主要原因。

新保守主义并不完全是新的学说，他们的态度肯定是向后的，崇尚过去的生活方式。其代表人物是美国的拉塞尔·柯克、彼得·维雷克和沃尔夫·李普曼。

（5）保守主义革命

詹姆斯·伯纳姆 1941 年发表的《管理革命》是保守主义革命的代表作。伯纳姆的管理革命，是说在工业界和政府组织中一个雄心勃勃、有进取心的新的领导阶级上升到统治地位，他们已经几乎完全代替了资产阶级和资本家的旧统治。

这个新的领导阶级指的是"经理人员"，他们是生产工程师、工艺学家、工业化学家、人事管理专家以及许多方面的专家。伯纳姆认为，管理人员在各个领域的作用会不断扩大，权威将愈来愈多地转移到委员、长官、特别机构的首长以及职业行政人员手里。这种权威的转移，可能有效地保存资本主义制度，使资本主义制度长久地存在下去。

（6）自由保守主义

自由保守主义是保守主义的现代形态，他们认为过去的资本主义方式肯定是可取的，但是也要适当地进行改革，以提高效力使之适合文明社会发展的新要求。他们的代表是从各种背景下产生的。政治经济学方面的代表是瑟夫·舒姆彼得，社会学方面的代表是英国的社会学家卡尔·曼海姆。而关注于文化和社会价值的自由保守主义者，以何塞·奥尔特加·加塞特的哲学为代表。

2. 保守主义的基本观点

保守主义者的基本态度是向后的。他们肯定现有的一切，而反对任何大的变动，并且认为，如果变动是无害的话，至少也是无益的。但是，在保守主义的历史发展中，不同时期的保守主义者的观点有着很大的差异。根据保守主义的发展进程，他们的主要观点可作如下概括。

（1）传统保守主义

传统保守主义的主要观点集中体现在埃德蒙·柏克为了反对法国大革命而写作的《法国革命随想录》一书中。在这本书中，柏克认为法国革命者对国王的处置是不能容忍的，也是危险的；他们没收教会的土地是极不公道的；法国大革命中的一系列事件彻底地破坏了秩序和自由；推翻一切现有制度只会为暴政铺平道路。概括起来说，他在《法国革命随想录》中共阐述了六个主要问题，这六个主要问题一直是英国保守党的思想基础。首先，柏克强调指出宗教的重要性以及宗教之被国家承认的意义。其次，他憎恨和谴责政治改革或社会改革过程中出现的破坏现存秩序的行为。第三，他攻击法国大革命中提出的平等观念，认为等级和地位的差别是实际存在和完全必要的。第四，他坚决拥护私有制，认为它本身就是一种对社会幸福至关重要的神圣的制度，不容任何破坏。第五，他把人类社会看作是一个紧密相关的有机体，认为一个方面的变革必将引起全面的反响。第六，他竭力主张必须保持社会发展的连续性，如果万不得已需要进行变革的话，也要尽可能地使变革逐步进行和尽可能不去打乱原来的正常秩序。

（2）20世纪的老保守主义

弗里德里克·海耶克的观点可以代表这阶段保守主义的主要观点。海耶克与20世纪许多保守主义者一样，认为马克思的社会主义是世界灾祸的主要来源，认为马克思主义的集体主义是德国法西斯得以兴起的重要原因。他始终坚持资本主义制度就是民主制度。资本主义与社会主义的对立，就是集体主义和民主主义的对立。照他的看法，集体主义不可能在法治制度下实行，也不能在尊重个人权利的范围内实行。而且集体主义也是民主程序的致命威胁。因为，议会采取行动太迟缓，手续繁琐，不能满足一个计划化的社会的需要；就会产生这样的要求，为了办理事情，行政官员必须不受立法的束缚。海耶克认为这一发展是希特勒得势的一个主要原因。通过对社会主义集体主义的攻击，来为自由资本主义制度辩护，充分体现了海耶克的保守主义立场。他认为，如果让每个人在自己所熟悉的小范围内利他或自私地追求自己的利益，这样，自由市场和价格制度将会以一种几乎神秘而慈善的方式为社会谋取最大的福利。让自己适应这些势力，"人们做到的将比个人的理性所能设计或预见的往往更多"。而对这种进程的任何严重干涉则肯定是利少弊多。

老保守主义在政治上的代表人物一个是美国总统赫伯特·胡佛，另一个是英国首相温斯顿·丘吉尔。胡佛把个人主义等同于机会均等和经得住"竞争的砂轮"磨炼的平等。他认为，坚持这些理想，美国就能够有保证地取得进步和成就，并使成就达到与其文明相称的完美程度。1933 年在反驳罗斯福总统的四大自由时，他认为还存在第五种自由，没有这一自由，其他四种自由就没一种可以实现。他把第五种自由界说为人们"选择工作和职业，谈判工资和薪金，为养家和养老储蓄和置备私产"的自由。它还必须包括人们"在不损害同胞的条件下经营企业"的自由。在他看来，这些是机会均等的保证。他还把保护关税包括在这些基本保证之内，理由是美国的劳工和企业必须得到保护，以对抗外国较低等的生活水平和较低廉的生产方法。

丘吉尔的理论与 19 世纪的教义及成见的关系要比它与更早时期的教义及成见的关系更为密切。他宣称，由于反对欧洲大陆最强大最富侵略性和最占优势的国家，英国"保存了欧洲的自由"，提高了它的声誉并扩展了它的帝国。丘吉尔宣称："我不知道有过什么能改变或削弱我们的祖先行事所依据的正义、明智、勇气和审慎。"他在国际关系中不惜采用一切必要的手段来维护和加强英国的殖民统治，维护"日不落帝国"的国际地位。在内政方面，丘吉尔也赞同19世纪的做法，相信自由贸易和放任主义。他经常将社会主义和共产主义连在一起，认为二者都与极权主义和迷信国家分不开。他说："没有不用政治警察而能够建立社会主义制度的……他们将不得不依靠某种秘密警察——无疑起初会以很人道的精神来指挥。"

（3）新保守主义

所谓新保守主义的哲学并不完全是新的哲学。他们的态度肯定是向后看，崇尚过去的方式。除了温斯顿·丘吉尔、欧文·巴比特和保罗·埃尔默·莫尔外，实际上他们不承认20世纪任何一个思想家有任何优点。拉塞尔·柯克特别信奉这种态度，他把埃德蒙·柏克、约翰·伦道夫和大主教纽曼奉为其意识形态的祖先。

柯克断言，神学是"各种科学的女王"，而宗教是大学中最重要的学科。他宣称，如果必须作出选择，那么，相信一切事物比怀疑一切事物要高尚一些。柯克认为人是不平等的，他们有义务接受上帝指定给他们的生活和劳动的位置。他应该以谦卑和献身的态度听从这一制度，因为"没有不平等就不存在赈济或者感恩的机会"。历史上一个神圣的策略规定了文明社会必须由秩序和阶级组成，而其间并没有多大的流动。

柯克鄙视人民大众。认为"绅士"这个贵族等级有资格享受社会的经济奖励。这一阶级的成员应该享有财产，特别是继承土地产业，因为没有什么可能为那些感到和知道自己高人一等的人们增加更多的荣誉和尊严。事实上，财产是人世间最重要的东西，对文明人来说，它比生命本身更有价值。财产和自由是密不可分地联系着的，因为关心把自由作为无价之宝来维护的人就是拥有大量资产并知道自由对自己的生活意味着什么的人。他们认识到，社会主义意味着沉闷的千篇一律，所以他们不要任何社会主义——甚至连"爬行的社会主义"也不要，因为任何程度的社会主义最终总是演化为法西斯主义。因此，必须把大众保持在原来的位置上，以免他们破坏为上等人提高心胸和性情而提供的经济力量。拉塞尔·柯克的保守主义不仅是贵族的和向后看的，而且是反理智的。他认为，对自由的真正理解是把它看成是"在上帝敕令范围内生活的自由，而不是怀疑和破坏的自由"。他认为所有的人，不管信仰什么，对上帝的敕令都应该有共同的看法，即使如黑奴制度在一些地区也被看成是天意的安排。他引用迪斯雷利的意思说，人只有在情绪激动时行事才是真正伟大的。他断言，即使最明智的人也不能单靠理性生活。"纯粹妄自尊大的理性"必然将人们引向希望破灭和孤寂绝望的沙漠，导致"上帝与人皆空"。对多数人来说，有时对一切人来说，比书本和哲学能够更好地指导行为和良心的是传统、成见和积习。

新保守主义的另一个代表人物是彼得·维雷克。与柯克成为对照的是，维雷克对秩序和阶级没有热情。他宣称他对贵族制度不感兴趣，感兴趣的是他所称的"贵族精神"，这是不管阶级差别，而对所有人都适用的。他把这种精神解释为"克尽公职，坚持质量标准，在高贵者应有的尊严和道德上自我克制"。他甚至说民主制度是世界上最好的政治制度——如果它能致力于使所有的公民都成为贵族式人物的话。这话的意义显然是指教育公民尊重传统，服从为克制其本能而制订的"伦理上的规定"。在其他许多方面，维雷克的理论与柯克的相似。在维护自由市场、视之为最适宜于民主主义的经济制度上，在对人性的态度上，他是彻头彻尾的新保守主义者。他相信人类的原始罪恶，确认人类的天性是野蛮的，"能够做出一切癫狂的事和暴行"。他痛责东欧和中欧的自由主义者放弃了宗教，因而为异教徒极权主义洪水敞开了闸门。维雷克还是英帝国主义的坚定捍卫者，他把英帝国主义看作是一个把全球维系起来的新罗马帝国。

（4）保守主义革命

保守主义革命从伯纳姆的管理革命开始。伯纳姆认为，随着新的"经理人员"的出现，大公司的所有权已经和管理分离了。企业的所有者极其分散，而企业的管理权掌握在公司的高级管理人员及其专家手里。而且这样的专家并不仅仅限于企业管理，在政府甚至军事部门的管理中也出现了相应的专家。所以，伯纳姆预言，不仅议会政府要转到行政管理政府，而且民主政治本身也将最终消失。他认为管理人员的作用会明显扩大，权威将愈来愈转移到委员、长官、特别机构的首长以及职业行政人员手里。

为资本主义制度辩护是当代保守主义的一个显著特征。在保守主义革命派中，美国的加尔布雷思是一个突出的代表，他深信衡量人类进步的真正尺度是资本主义而不是社会主义。当然 20 世纪的经济发展已经远远超过亚当·斯密及其门徒所宣扬的概念，出现一种所谓的新资本主义。新资本主义的出现要求政府政策有一个根本的改变。他相信，政府应该放弃在谢尔曼法及其他类似的反垄断措施下强制实行无限制竞争的企图。

（5）自由保守主义

自由保守主义者称赞，过去的方式肯定是可取的，但主张适当的改正以提高效力或使之适合文明的较新要求。这样，为了教育和文化的目的或者为了满足来自下面的压力和避免革命，他们可能建议政府进行干预；但也要求政府的干预必须处在足够的约束之下，以防止自由权遭到损害。至于政治组织，他们倾向于有理性的贵族政治。这主要不是因为他们认为人民大众愚蠢卑劣，而是因为他们把智力、训练和责任感看作是治理者阶级必不可少的品质。

3. 保守主义权威观述评

保守主义作为一种政治思潮，其基本的政治取向是向后看的，是竭力主张维持现状，为现实辩护的。对于权威，他们总的态度是崇拜，并且要求努力维护现有的权威体制，以维护社会的连续性。

保守主义的鼻祖柏克一辈子都具有守旧的倾向。他早年是个反对提高王权的辉格党人，而主张保留教会的绝对权威。但是法国大革命后，他就开始从辉格党人向托利党人转代，在有关王权与教权的争斗中主张王权和教权的结合，主张既维护王权的权威，也保护教权的权威。

柏克认为："为了使自由的公民怀有健康的敬畏，国教也有必要把国家奉为神圣；因为，为了保证公民的自由，他们必须明确地享有一定程度的权力……凡是享有任何一部分权力的人都应当深刻而严肃地感觉到：他们是受委托而行事的；他们要向社会的伟大主人、缔造者和奠基人汇报他们在所受委托的事务方面的行为。"关于国教，他说道："我们的国教……包含着深刻的、广博的智慧。……我们的国教自始至终存在于我们的心中。这是因为，依靠我们现有的宗教制度，我们继续按照人类早先获得的、始终不变地保持下来的意识办事。"

柏克主张王权与教权的结合，维护国王和国教的双重权威，目的只有一个，即维护现行的政治体制，维护英国的君主立宪制度，通过这样的政治制度来反对法国式的激进的资产阶级革命，而使英国的制度能够延续下去。在《法国革命随想录》一书的结尾，柏克充满感情地写道："但愿我的同胞，不管他们从事什么职业，都把英国政制的榜样推荐给我们的邻国，而不要采取他们的模式来改变我们自己的政制，就我的同胞来说，他们已经有了一件无价之宝。……我认为，我们的幸福处境有赖于我们的政制；有赖于整个政制，而不是它的任何单独的一部分，并且在很大程度上有赖于我们在几次检查和改革后保留下来的东西，以及我们所改变或补充的东西。"

所以，尊重王权和崇拜权威可以说是传统保守主义者的一个重要特征。在这里，他们所理解和尊重的权威是与维护英国的君主立宪政体联系在一起的。所谓的权威是国王和宗

教的特权,是维护私有制和等级制度的特权,也是维护大英
帝国在全世界的殖民统治的特权。他们认为,没有王权和宗
教的权威,就无法凝聚人心,就会导致天下大乱,使得传统
的东西在类似于法国大革命的行动中荡然无存。也就是说,
没有了传统的权威,也就没有了原有的特权,所以他们要竭
力维护传统的权威,也就是维护他们的既得利益。

主张保守主义革命的伯纳姆认为严峻的权威主义将代替
民主制度。他预言管理革命发生后,不仅议会政府要转到行
政管理政府,而且民主政治本身也将最终消失。面对现代世
界的复杂情况,自治政府是不可能的,管理人员的作用将明
显扩大,权威将愈来愈转移到职业行政人员手里。作为西方
社会基本制度的资本主义和民主制度已经死亡。或许当过渡
已经完成和经理阶级已经巩固了它的权力时,某种程度的民
主将容许存在,但将不是以人民主权的形式,让选民在支持
政府和支持反对党之间拥有选择的自由。经理们将不容许对
他们独占权力的状态发生严重威胁。因此,普通公民要想在
将来的社会里扮演一个政治角色,将不得不把自己的活动限
制在地方政府的范围内,限制在工会、职业和专门团体以及
合作社的范围内。

伯纳姆正确地看到资本主义发展过程中出现的一种迹象,
即随着现代化的不断进展,科学技术在促进经济发展和推动
社会进步中所起的作用愈来愈大,所以在现代社会,专业人
员的作用也越来越大,其地位得到了显著的提高,权威的作
用也将越来越突出。但是,伯纳姆预言的权威主义代替资本
主义民主制的局面并没有出现,其根本原因在于专业人员虽

然掌握专业知识，有着各方面的专业能力，但是资本主义社会里，他们并不掌握有生产资料，他们所具有的专业知识如果不能与生产资料相结合，则一无用处。而要实现两者的结合，他们就必须受雇于掌握生产资料的资本家阶级。所以，说到底，在资本主义国家，最大的权力来自于资本家阶级，来自于他们对于生产资料的垄断。专业人员是不可能掌握社会的发展进程的，其权威也将是有一定限度的。

总的来说，20 世纪的保守主义者中的大多数人的学说对人性和人的社会生活能力的看法是共同的。他们认为：人性是脆弱和罪恶的，普通人缺乏应用理性的能力来解决自己的问题，大多数积极的社会行动无益甚至有害，民主制度不可能，因此必须有一个强有力的行政元首，或者某种形式的杰出人物来统治，或者少数统治，需要把宗教作为社会戒条的源泉和作为促成基本一致的制裁力量。也就是说，他们对于民众的看法是消极的，而把希望寄托在少数权威人物身上，为了使人民大众能够接受权威的统治，甚至需要乞灵于宗教的帮助。这样的看法显示与现代社会的发展背道而驰，也不可能得到多少支持和拥护。这是保守主义在 20 世纪逐步趋向没落的重要原因。

结语　我们需要什么样的权威

（一）现实社会的三种权威形式

马克思主义权威观集中体现在恩格斯的《论权威》一文中。恩格斯指出："这里所说的权威，是指把别人意志强加于我们；另一方面，权威又是以服从为前提的。"①

恩格斯认为，权威原则表现为一种关系，即对某些人强加一定的意志，而这些人又愿意服从这种意志，是强加与服从的统一。权威是一种原则，这种原则是社会关系的体现。在工厂里，存在着不管什么个人自治的蒸汽机的权威；在社会发展中，革命无疑是天下最权威的东西。因此，权威就是所有人都必须绝对服从的客观规律，这种客观规律表现为人们的行动必须服从的意志。这种意志可以由个人来代表，也可以由代表大多数人的委员会来代表。在这个时候，个人不是代表他个人的意志，而是体现一种绝对的共同意志；委员会也不是行使其成员表示的意志，而是执行着大多数人赞同

① 《马克思恩格斯选集》第3卷，人民出版社1995年版，第224页。

的决议。所以我们认为，权威绝对不是个人权力所体现的意志，恰恰相反，权威必须扬弃个人的自治和个人的意志，包括扬弃拥有很大权力的个人的"权力意志"。只有体现社会发展的客观规律、历史趋势，同时又维护大多数人权益的东西才是真正的权威。这种权威有时可以由个别领袖人物来体现；有时可以经由民主程序产生，并按民主程序办事的委员会来体现；也可以由法律、政策、决议和规章制度来体现。任何权威主体，当他们体现时代趋势、代表人民利益的时候就具有权威，否则就会丧失其权威性，并将被新的权威主体所代替。

根据马克思主义的权威理论，结合马克斯·韦伯对权威的划分方法，我们从权威主体的角度将权威划分为三种：首脑权威、集体权威和制度权威。

首脑权威是建立在首脑个人的特殊影响力基础之上的一种权威。这些首脑多出现在改朝换代、新旧社会交替的重大历史转折关头，他们以其超乎常人的实际工作能力，以其对社会作出的重大历史贡献而为人们所崇拜、所敬仰，产生巨大而深刻的长期影响，在其充分发挥作用的时代过去以后，仍能对社会的发展进程起相当的影响作用。

制度权威是以明确的法律规范和规章制度为基础的一种权威。这一权威要求符合既定的规则，这种规则不限于由某个人或集体来行使，它既适用于前人也适用于后来者。权威主体所掌握的权力受到法律条文和既定程序的限制。每个握有权力的人都有一个明确的权力范围，超出这个范围，它就不再拥有权力。制度权威的确立是一个社会现代化的重要标志。

集体权威是介于上述两者之间的一种权威形态。在由首脑权威向制度权威过渡的过程之中，体现历史发展规律，代表人民意志的不再是拥有超人影响力的首脑个人，因为这种超人的影响力随着首脑的衰退和社会的发展已逐渐失去了昔日的荣光；但此时比较稳固的、灵活高效的制度规范还没有确立起自己的权威统治地位。所以此时的权威形态是一种过渡形态的集体权威，即由一个通过民主程序产生，并按照民主程序行使权力的集体性的委员会来担当起承前启后、继往开来的历史重任，运用集体权威的力量来保持社会的稳定、协调和发展。

（二）当代中国的权威主体转换

任何一个社会得以存在和发展，都必须有一个强有力的权威控制。首脑权威、集体权威和制度权威在社会中客观存在，并且相辅相成相促进。三种权威的划分只是相对的，它们之间相互结合，共同发挥作用。首脑权威建立在首脑个人特殊影响力的基础上，又离不开一定的集体权威，因为任何首脑都不可能一个人来决定或影响所有的国家大事，而必须有一批自己的追随者和拥护者。之所以突出首脑的位置是因为首脑个人的影响力如此之大，以至于使其追随者在很大程度上只能退居幕后而已。集体权威也会有自己的领袖人物，同时也必须借助制度权威的力量，只不过二者发挥作用的程度受到很大制约，远不如集体领导的影响力。制度权威很大程度上限制了个人的影响，使得制度发挥了很大的权威作用。

但是任何规章制度都是由人来制定并加以执行的，制度的权威作用仍然必须通过领袖或集体的领导来体现。

当代中国社会和任何其他社会一样，存在着首脑权威、集体权威和制度权威的共同作用。但从现实状况来看，我们认为，当代中国社会正处在由首脑权威向集体权威的过渡之中，集体权威正在日益发挥更大的作用。

以毛泽东同志为代表的中国共产党第一代领导集体在长期的革命实践中确立了毛泽东的权威地位。尽管毛泽东去世已经 30 多年，但他在人民和中国社会所享有的威望仍然存在。中国共产党人对他的历史功绩作了恰如其分的评价："毛泽东同志是伟大的马克思主义者，是伟大的无产阶级革命家、战略家和理论家。……他为我们党和中国人民解放军的缔造和我国社会主义事业的发展，建立了永远不可磨灭的功勋。他为世界被压迫民族的解放和人类进步事业作出了重大的贡献。"[1] 以邓小平同志为代表的中国共产党第二代领导集体，在伟大的历史转折关头，大胆探索，勇于创新，领导中国人民走上了改革开放之路，开创了中国社会主义建设的新局面。经过真理标准问题的讨论、党的十一届三中全会、农业改革、城市改革、兴办经济特区、南方谈话等一系列重大事件，邓小平同志得到人民的衷心拥护，树立了崇高威望。党的十四大文件充分肯定了邓小平同志的伟大功绩，指出："邓小平同志是我国社会主义改革开放和现代化建设的总设计师。他尊重实践，尊重群众，时刻关注广大人民的利益和愿望，善于

---

[1] 《三中全会以来重要文献选编》（下），中央文献出版社 2011 年版，第 772 页。

概括群众的经验和创造，敏锐地把握时代发展的脉搏和契机，既继承前人又突破陈规，表现出了开辟社会主义建设新道路的巨大的理论勇气，对建设有中国特色社会主义理论的创立做出了历史性的重大贡献。"① 按照权威形式的一般划分方法，毛泽东邓小平的权威很大程度上是和他们个人的巨大影响分不开的。他们的威信和影响同新中国的创建，同新时期的改革开放大业是紧密相连的，所以应该属于首脑权威的范畴。

老一辈无产阶级革命的巨大个人影响对于中国社会主义革命和建设事业的发展起了相当大的促进作用，是中国人民的宝贵财富，值得我们永远珍惜。但是随着时代的前进和社会的发展，他们所享有的崇高权威正处在过渡之中。这是历史的必然，也是社会的进步。邓小平指出："我历来不主张夸大一个人的作用，这样是危险的，难以为继的。把一个国家、一个党的稳定建立在一两个人的威望上，是靠不住的，很容易出问题。"② 所以"必须使民主制度化，法律化，使这种制度和法律不因领导人的改变而改变，不因领导人的看法和注意力的改变而改变"。③ "不是说个人没有责任，而是说领导制度、组织制度问题更带有根本性、全局性、稳定性和长期性。"④

在首脑权威过渡的同时，社会主义制度的权威也在建立

---

① 《中国共产党第十四次全国代表大会文件汇编》，人民出版社1992年版。
② 《邓小平文选》第3卷，人民出版社1993年版，第325页。
③ 《邓小平文选》第2卷，人民出版社1994年版，第146页。
④ 同上书，第333页。

之中，但还远远没有完成。如何在中国这样一个相对落后的国家来建设社会主义的问题还没有得到根本解决，建设有中国特色社会主义理论的提出仅仅构建了一个框架和发展目标，体现社会主义本质的、灵活高效的社会主义政治、经济、文化体制还没有定型化，还有待进一步探索和改革。邓小平指出："我们搞社会主义才几十年，还处在初级阶段，巩固和发展社会主义制度，还需要一个很长的历史阶段，需要我们几代人、十几代人，甚至几十代人坚持不懈地努力奋斗，决不能掉以轻心。"[1] 社会主义的威望在人民当中的树立也有一个过程。中国的社会主义建设取得了举世瞩目的伟大成就，这是大家所公认的。不过同发达资本主义国家相比，我们还有不少距离，社会主义的优越性还远远没有发挥出来，邓小平说："现在虽然我们也在搞社会主义，但事实上不够格。只有到了下世纪中叶，达到了中等发达国家的水平，才能说真的搞了社会主义，才能理直气壮地说社会主义优于资本主义。"[2] 也只有到那个时候，社会主义的制度权威才能够真正建立和巩固起来。

由于上述情况的存在，当代中国社会出现了一定程度的权威失落，同时当代中国正处在社会转型之中，急需权威控制。所以我们的现实选择只能是加强中央的集体权威，在推进社会主义现代化建设的同时，促进制度权威的建立。

当代中国社会正处在需要集体权威，并且正在产生集体权威的年代。

----

① 《邓小平文选》第 3 卷，人民出版社 1993 年版，第 379—380 页。
② 同上书，第 225 页。

（三）社会转型期与权威控制

中国社会正处在由传统社会向现代社会转型的过程之中。所谓社会转型，是指社会结构和社会运行机制从一种形式向另一种形式转换的过程。转型社会是指在这一转换过程中的一种特殊的社会运行状态。

中国社会转型的动力是社会主义的改革开放。"改革也是一声革命"，这场革命"是要进一步解放和发展生产力，经过长期奋斗，把中国由不发达的社会主义国家变成富强民主文明的社会主义现代化国家，使社会主义优越性在中国充分体现出来"。如果将传统社会视为一极，是一种比较稳定的社会结构形式；将现代社会视为另一极，也是一种比较稳定的社会结构形式，那么，转型社会则是处在二者之间的一种社会形态，是一个复杂多变、稳定性差的社会，与相对稳定的社会相比，具有自己鲜明的特征。

结合中国转型社会的实际，我们把转型时期中国社会的特征概括为以下三种效应：辐射效应、落差效应和连锁效应。

辐射效应是指当一个人对某事物的个别方面有良好印象时，就会推而广之，爱屋及乌，认为这个事物的一切方面都是好的，而看不到它客观存在的一些缺点和不足之处。我们这里所说的社会转型时期的辐射效应是指由于西方社会存在高度发达的物质文明，从而容易使人们产生把西方国家的一切东西都看成是先进的和美好的而去盲目仿效的倾向。这种倾向盲目发展下去会导致部分人盲目崇洋，美化资本主义制度，对中国的社会主义制度离心离德，对转型时期的中国社会产生严重冲击。如果没有一个强有力的权威控制，就很难保证社会的稳定发展。实际上，任何社会都有自己的历史传统和民族文化，不存在、也不可能有什么既定的、统一的发展模式。中国在向社会主义现代化社会转型的过程中，可以借鉴、也应该借鉴西方发达国家的经验，根据本国国情选择自己的现代化道路，而没有必要去照抄照搬西方的现代化模式。"照抄照搬别人，从来不会得到成功。"我们必须沿着有中国特色的社会主义道路努力奋斗，开创出一条在社会主义条件下实现现代化的崭新途径。

落差效应是指社会转型过程中，社会表面的平静下蕴藏着巨大的危机，一旦遇到挫折和失败，社会运行很可能呈失控状态，就像平静的河流一旦遇到巨大的落差，会产生极强的冲击一样，容易导致社会的震荡和失衡。造成转型社会落差效应的原因，一是由于转型时期社会结构的相对脆弱；二是由于高期望值与落后的社会现实之间的巨大反差。社会转型时期，原有的社会结构与社会运行机制同新的社会结构及社会运行机制杂然并存，互相矛盾，此消彼长，双方均不能充分发挥自己维持社会稳定、促进社会发展的功能。这就使得转型社会的社会结构稳定性差，社会运行机制调控社会矛盾的能力弱化，灵敏度降低，社会的承受能力、整合能力下降。另一方面，落后的现实状况使得社会成员对转型普遍产生较高的期望值，迫切希望尽快实现社会的现代化，这就给政府的决策机构造成了强大的压力，容易导致"急性病"，产生决策失误，反而延缓了现代化进程。客观地说，中国社会的落后不是一天造成的，也不是一朝一夕可以改变的，现代化的实现必须依靠全体人民脚踏实地的长期共同努力才能实现。

连锁效应是指社会转型时期，由于转型社会的过渡性，每一社会结构的局部变动，都将引起社会其他结构和部分的变动，产生一系列的问题和矛盾，往往旧的矛盾尚未解决，新的矛盾已相继产生，使得社会矛盾累积下来，隐藏起来，到了一定时机全部爆发出来，对社会运行产生极强的冲击，破坏社会稳定和发展。总之，社会转型时期，不稳定因素很多，极易导致社会失衡，必须有一个强有力的权威来加以控制，以维护社会的稳定和发展。

80 年代末 90 年代初，中国的社会发展进入了一个崭新阶段，出现了许多新情况，使得进一步加强中央的集体权威更为必要。

1989 年 9 月，邓小平同志高瞻远瞩，从社会主义中国的长治久安考虑，从培养新的领导集体的威望、顺利实现交接班出发，正式请求退出中央政治局。邓小平说："现在看起来，我的分量太重，对党和国家不利，有一天会很危险。国际上好多国家都把对华政策放在我是不是病倒了或者死去了上面。我多年来就意识到这个问题。一个国家的命运建立在一两个人的声望上面，是很不健康的，是很危险的。不出事没有问题，一出事就不可收拾。"也正是出于这一考虑，党的十四大决定不再设立中央顾问委员会。老一辈无产阶级革命家的相继退休，使得加强中央集体权威更为必要，这是新形势之一。

新形势之二，是党的十四大明确把建立社会主义市场经济体制作为我国经济体制改革的目标模式，提出了全面改革传统计划经济体制的要求。这一经济结构的根本性转换，必然引起中国社会诸多领域的革命性变革，加速中国社会的转型速度，同时也使得加强权威控制更为必要。

新形势之三，是 80 年代末以来原苏联东欧社会主义国家相继发生剧变，帝国主义和平演变阴谋在这些地区得手以后，开始将矛头对准社会主义中国，采用各种手段向我们进攻，妄图颠覆社会主义的国家政权。只有进一步加强中央权威才能保证社会主义制度在中国的永世长存。

具体来说，新形势下加强中央权威的必要性表现在以下方面。

（1）加强中央权威是建立社会主义市场经济体制的要求。建立和完善社会主义市场经济体制，既是一场解放和发展生产力的深刻革命，又是一项艰巨复杂的体制转换的社会系统工程。计划经济体制在中国已经存在了 40 多年，全社会已经适应了计划经济体制下的经济运行机制、社会生活方式和利益分配格局。现在要改变这一切，必然会遇到传统习惯、既得利益和意识形态上的阻力；在建立社会主义市场经济体制过程中也难免会出现一些失误，如果处理不好极易引发社会动乱，影响改革开放的顺利进行。同时，市场经济本身虽能在资源配置中有效地发挥作用，促进生产力的发展，但它也有自己固有的弱点：它难以完全保证社会总需求与总供给的平衡，容易导致经济发展的周期性波动；难以保证市场竞争的公平和合理；无力解决经济发展所必需的基础设施建设和环境保护等问题；无力保证社会分配的公平性，等等。所以，现代市场经济都是有宏观调控的经济。社会主义市场经济的一个重要特征就是国家能够对经济进行强有力的宏观调控，要充分体现现代市场经济的这一要求，就必须有中央政府的足够权威来保证。

（2）加强中央权威是保持社会稳定的客观要求。如前所述，中国社会正处在转型时期，社会整合度不高，社会调控能力不强，处于亚稳定状态，承受社会冲击的能力相对较弱。而我们的改革是整个社会主义社会形态的巨大变革，是第二次革命。这场革命使旧体制下的既得利益者因为其利益遭损害而不满，新的利益得到者则有一种要求无限制地扩大自身利益的倾向。利益的重新分配也会强烈地改变人们原有的价值观和道德观，而新的价值观念还难以得到社会的认同，往往会出现一段思想混乱、道德滑坡时期，引发社会的动乱与震荡，使得社会的无序化倾向有所发展，社会各阶层之间的矛盾和冲突日益尖锐。如果不把这种矛盾和冲突控制在一定范围内，就会导致社会财富的巨大浪费，各种政治力量会在无休止的争斗中互相削弱，造成社会的无序和混乱，根本谈不上社会的改革与发展。所以要保证全国人民团结一致地进行现代化建设，在社会转型时期保持社会的稳定，就必须建立一个强有力的中央权威，引导和调控社会的良性运行，保证改革大业的成功。

（3）加强中央权威是保证中国社会全面进步的需要。我国是一个地域辽阔、各地区经济发展不平衡的社会主义大国，改革开放的推行使得东南沿海地区由于其地域和经济优势而优先于内地发展起来。这种经济发展上的不平衡一方面可以带动其他地区共同发展，另一方面也导致了各地区间利益分配上的差别，产生了沿海和内地的矛盾。解决这一矛盾必须有中央的权威。邓小平指出，沿海地区先发展起来，"从而带动内地更好地发展，这是一个事关大局的问题。内地要顾全这个大局。反过来，发展到一定时候，又要求沿海拿出更多力量来帮助内地发展，这也是个大局。那时沿海也要服从这个大局。这一切，如果没有中央的权威，就办不到"。①

（4）加强中央权威是巩固社会主义制度的需要。当代中国面临着资本主义和平演变的严峻挑战，必须充分发挥中央集体权威的力量来巩固社会主义制度。邓小平多次指出："帝国主义搞和平演变，把希望寄托在我们以后的几代人身上。……我们这些老一辈的人在，有分量，敌对势力知道变不了。但我们这些老人呜呼哀哉后，谁来保险？所以，要把我们的军队教育好，把我们的专政机构教育好，把共产党员教育好，把人民和青年教育好。"② 要搞好这些方面的教育和引导，就要充分发挥中央的集体权威作用。

（四）加强中央权威

（1）中央权威的具体含义

处在转型时期的中国社会需要强有力的中央权威控制，同时中国社会也处在权威主体转换的过程之中。中央权威的具体含义可从权威的主体和内涵两个方面来理解。

---

① 《邓小平文选》第 3 卷，人民出版社 1993 年版，第 277—278 页。
② 同上书，第 380 页。

中央权威的主体是什么呢？邓小平明确指出："中央就是党中央、国务院。""党中央、国务院没有权威，局势就控制不住。"① 中央是一个集体概念，就是指中国共产党的每一届领导集体。邓小平在退下来的时候，多次深情嘱托："你们这个班子要搞好，关键是要形成集体领导。你们应该是一个合作得很好的集体，是一个独立思考的集体。……现在很需要一个这么好的集体，比过去更加需要。"② 当然在这个集体中还需要有一个团结的核心，邓小平指出："任何一个领导集体都要有一个核心，没有核心的领导是靠不住的。……要有意识地维护一个核心……要注意树立和维护这个集体和这个集体中的核心。"③

中央权威的内涵包括两个方面，一是中央要有足够的权力，二是中央领导集体要得到人民的拥护和信任，树立起崇高的威望。传统权威理论往往把权力和权威简单地等同起来，这种理解是片面的。我们认为应将权力和权威作一明确的区分，因为有权不一定有威。权力是一种要求社会全体成员无条件服从的外部强制力量，它所凭借的是暴力。权威则是人们自觉自愿地加以服从的一种影响力。有这种影响力的个人和集体并不一定拥有权力，人们之所以听从他的要求、服从他的指挥，是因为人们承认他有比自己更好的判断能力、理解能力和阐释能力，能更好地代表自己的利益和愿望，满足自己的需要。中央的权威，应是权力和威信的统一。列宁说

---

① 《邓小平文选》第 3 卷，人民出版社 1993 年版，第 278、277 页。
② 同上书，第 318 页。
③ 同上书，第 310 页。

得好："群众是划分为阶级的……阶级通常是由政党来领导的；政党通常是由最有威信、最有影响、最有经验、被选出担任最重要职务而称为领袖的人们所组成的比较稳定的集团来主持的。"① 这里讲的四个"最"，即最有影响、最有威信、最有经验和最高职务的有机统一，可说是对中央权威内涵的最好注解。

（2）加强中央权威要有新思路

加强中央权威，首先要体现在"中央说话能够算数"。邓小平多次强调"中央的话不听，国务院的话不听，这不行"；"不能否定权威，该集中的要集中。"② "改革要成功，就必须有领导有秩序地进行。……中央定了措施，各地各部门就要坚决执行，不但要迅速，而且要很有力。"③ 要加强中央权威，就必须提倡讲纪律。经济改革越深化，利益格局越是调整，市场作用越是扩大，我们越要提倡讲纪律。党的纪律向来是：个人服从组织，少数服从多数，下级服从上级，全党服从中央。只要严格执行党的纪律，维护中央权威，我们的事业就无往而不胜。现在我们的改革已经从过去的"单项推进"、分批操作转变为"整体推进"、"重点突破"；由过去主要是自下而上的自发推动，转变为依靠国家权威机构对整个改革进程进行统一协调和组织实施阶段，这就更加需要强调党的纪律，维护中央权威。邓小平说过：对于共产党员和领导干部来说，遵守纪律的最高标准，是真正维护和坚决

---

① 《列宁选集》第4卷，人民出版社1972年版，第197页。
② 《邓小平文选》第3卷，人民出版社1993年版，第319页。
③ 同上书，第277页。

执行党的政策，国家的政策。这一点我们必须牢记在心，并且具体落实到维护中央权威的行动上。

其次，加强中央权威，更重要的是树立中央领导集体的崇高威望。真正的权威从来不是自封的，而是在实践中逐渐建立和培养起来的。毛泽东指出："威信是逐渐建立起来的。……群众对领导者真正佩服，要靠在革命实践中了解。真正了解，才能相信。"① 邓小平在对第三代领导集体的政治交代中，多次强调，要树立领导集体的崇高威望。取得人民的信任，首先必须坚持改革开放，组成具有崇高权威的领导集体，组成具有改革开放形象的中央领导班子。十多年来的伟大的实践已经证明，我们的改革开放是社会主义制度的自我完善和更新，是改善人民生活、促进经济发展的必由之路。坚持改革开放，就代表了中国人民的最长远、最根本利益。所以，只有坚持改革开放才能得到人民的支持和拥护，才能树立起新的领导集体的威望。坚决惩治腐败，扎扎实实做几件人民群众满意的事。腐败现象不除，不但说中央威信树立不起来，甚至还会危及社会主义国家政权的稳固和发展。邓小平说："要整好我们的党，实现我们的战略目标，不惩治腐败，特别是党内的高层的腐败现象，确实有失败的危险。"② 坚决惩治腐败，深得人心，是树立新的领导集体权威的关键所在，应坚持抓紧抓好。

第三，加强中央权威要用新方法。在改革开放、进行社会主义现代化建设的今天，一切工作都要以经济建设为中心，

---

① 《毛泽东选集》第 5 卷，人民出版社 1977 年版，第 86—87 页。
② 《邓小平文选》第 3 卷，人民出版社 1993 年版，第 313 页。

加强中央权威也不例外。所以，加强中央权威主要体现在中央对经济发展的宏观调控上。邓小平指出："过去我们是穷管，现在不同了，是走向小康社会的宏观管理。不能再搬用过去困难时期那些方法了。现在中央说话，中央行使权力，是在大的问题上，在方向问题上。"① 在市场经济条件下，企业成为市场的主体，其参与市场竞争的微观经济活动不再是政府管理的对象。加强中央权威，主要是加强政府的宏观调控能力，促使经济宏观总量平衡和整体结构优化，而把微观经济决策权交给企业，由企业根据市场信号自主决定。这也是我们所说的"足够"的中央权威的主要含义。

---

① 《邓小平文选》第3卷，人民出版社1993年版，第278页。

后　记

我介入权威研究有两个原因，直接原因是 20 世纪 90 年代在中国人民大学读博时为完成导师的一个国家课题——马克思主义权威观研究。那时苏东剧变不久，国际共产主义运动遭受重大挫折，中国改革开放也进入调整期，全社会都在反思中国的改革路径和发展道路，期间因新权威主义而引发了对权威问题的思考。面对改革过程中出现的中央与地方的权力再调整，作为改革开放总设计师的邓小平也一再提出中央是要有权威的，因而，如何处理中央和地方的关系，中央的权威如何实现，成为理论界关注和研究的课题。间接原因是 80 年代末我在浙江大学任教时参与了一个浙江省的课题——马克思主义民主理论研究。同样的原因，1989 年之后，如何认识民主问题，也是社会所关注的焦点，其研究成果《民主哲学》的完成和出版曾颇费周折。在这本书中，把民主作为一个哲学问题来研究，自有一番心得。于是以哲学的眼光审视权威，当然也期望辟出另样风景。

当年初涉权威研究领域，遍寻各类相关资料，庞杂之中，常有触类旁通之感。虽以《权威论纲》结项，但因另有新的工作和研究任务而未能持续，好在各位师弟在导师马绍孟先生的指导下，坚守这一领域十多年，极大地推进了权威的研究。

党的十八大后，面对改革的破局和历史的承担，权威议题将再次引起社会的关注。近日得空重拾旧作，窃以为从哲学角度的研究自会对权威问题的深入有推进，于是得有此一小册。我的师弟石太林当年首涉权威，颇有识见，因之邀请提供了另论的几篇初稿，他因工作繁忙，无暇研磨，充分授权于我，但以愚之拙笔，未敢横加斧凿。若有不妥之处，也只能祈望后日修订了。从哲学角度探研权威，似当用《权威哲学》，今次以《权威论》名，疑嫌不当，但出版者属意，庶几可免一责。

正如书中所论，权威是人类社会的一个客观现象，是一种特殊的社会关系，是与人类社会相伴随始终的社会现象，因而对它的认识和研究，既是必须的，也是长期的。本书只是为权威研究提供一种哲学的视角，尚难窥视权威全貌，惟愿成为他山之石，引出权威研究之玉。

薛广洲

2012 年 12 月 31 日深夜于大有北里